COLEÇÃO

INTELIGÊNCIA ARTIFICIAL

DE PROFISSIONAL DE TI PARA EXPERT EM IA

O GUIA DEFINITIVO PARA UMA TRANSIÇÃO DE CARREIRA BEM-SUCEDIDA

Prof. Marcão - Marcus Vinícius Pinto

Aviso de isenção de responsabilidade:

Observe que as informações contidas neste documento são apenas para fins educacionais e de entretenimento. Todos os esforços foram feitos para fornecer informações completas precisas, atualizadas e confiáveis. Nenhuma garantia de qualquer tipo é expressa ou implícita.

Ao ler este texto, o leitor concorda que, em nenhuma circunstância, os autores são responsáveis por quaisquer perdas, diretas ou indiretas, incorridas como resultado do uso das informações contidas neste livro, incluindo, mas não se limitando, a erros, omissões ou imprecisões.

ISBN: **9798344596280**

Selo editorial: Independently published

Sumário

Bem-vindo.

Nos últimos anos, a inteligência artificial deixou de ser uma promessa tecnológica distante e se consolidou como uma das forças motrizes da transformação digital, moldando o futuro de indústrias e profissões.

Para os profissionais de TI, essa transformação traz desafios e oportunidades únicas. O volume que você está prestes a explorar, "De Profissional de TI para Expert em IA: O Guia Definitivo para uma Transição de Carreira Bem-Sucedida", é uma ferramenta essencial para quem deseja navegar essa transição com sucesso.

Este livro é destinado a profissionais de TI que desejam expandir seus horizontes e se reposicionar no mercado da inteligência artificial. Programadores, analistas de dados, administradores de sistemas e até gerentes de projetos de TI encontrarão aqui um caminho claro para explorar esse novo campo, aprendendo as habilidades necessárias e identificando oportunidades de crescimento.

Não se trata apenas de uma transição técnica, mas de uma verdadeira evolução profissional.

Ao longo do livro, abordamos os motivos pelos quais a IA não é apenas uma tendência, mas uma revolução. Profissionais que entendem como se adaptar a esse cenário estarão à frente na era da automação e dos sistemas inteligentes.

O conteúdo começa com uma introdução à necessidade dessa migração para IA passando por como funções tradicionais de TI, como entrada de dados e suporte técnico, estão sendo substituídas por soluções autônomas e inteligentes.

Além de explorar as diferenças e similaridades entre TI e IA, o livro também oferece uma trilha de aprendizado ideal, detalhando as habilidades que você precisará adquirir.

Desde fundamentos em matemática e estatística avançada até o domínio de machine learning, deep learning e processamento de linguagem natural (NLP), este guia é uma fonte prática para entender os princípios que movem a IA e como aplicá-los em situações reais.

Este volume é mais do que um manual técnico — ele se aprofunda nos desafios que você pode enfrentar ao longo do caminho, como o medo de falhar em um campo novo ou o esgotamento mental causado pelo aprendizado intensivo de IA.

Entre os aspectos mais valiosos deste livro, destacamos também a importância de construir um portfólio em IA, essencial para destacar suas habilidades no mercado.

Com exemplos práticos e uma orientação clara sobre como criar projetos impactantes, você estará preparado para demonstrar seu valor em qualquer entrevista ou oportunidade de trabalho.

Este livro é destinado a:

- Programadores que desejam migrar para o desenvolvimento de soluções de IA.

- Administradores de sistemas interessados em automatizar processos e explorar bancos de dados autônomos.

- Gerentes de projetos de TI que buscam se atualizar em estratégias baseadas em inteligência artificial.

- Analistas de dados que desejam avançar para machine learning e análise preditiva.

Ao adquirir este livro, você estará não apenas aprendendo sobre a IA, mas se preparando para liderar e se destacar em um campo em constante expansão.

Entretanto, este é apenas um passo de uma jornada essencial no campo da inteligência artificial. Este volume é parte de uma coleção maior, "Inteligência Artificial: O Poder dos Dados", que explora, em profundidade, diferentes aspectos da IA e da ciência de dados.

Os demais volumes abordam temas igualmente cruciais, como a integração de sistemas de IA, a análise preditiva e o uso de algoritmos avançados para tomada de decisões.

Ao adquirir e ler os demais livros da coleção, você terá uma visão holística e profunda que permitirá não só otimizar a governança de dados, mas também potencializar o impacto da inteligência artificial nas suas operações.

Prepare-se para embarcar em uma jornada transformadora e comece a trilhar seu caminho para se tornar um expert em IA.

Boa leitura!

Bons aprendizados!

Prof. Marcão - Marcus Vinícius Pinto

Mestre em Tecnologia da Informação
Especialista em Tecnologia da Informação.
Consultor, Mentor e Palestrante sobre Inteligência Artificial,
Arquitetura de Informação e Governança de Dados.
Fundador, CEO, professor e
orientador pedagógico da MVP Consult.

1 Da codificação ao pensamento cognitivo: como a inteligência artificial está redefinindo o papel do profissional de TI.

Vivemos em uma era onde a inteligência artificial (IA) está se transformando de uma mera ferramenta de automação para uma força disruptiva capaz de redesenhar economias inteiras, mercados de trabalho e até mesmo a própria estrutura da sociedade.

O que antes era um campo reservado para especialistas acadêmicos, hoje está sendo integrado em quase todos os setores da economia global.

Mas o que torna a IA tão revolucionária? E, mais importante, por que essa tecnologia está se tornando uma transição natural e desejável para os profissionais de TI?

A inteligência artificial promete mais do que otimização de processos. Ela está se inserindo no cerne da tomada de decisões.

Diferentemente das soluções tradicionais de TI, que exigem programação explícita para resolver problemas, os sistemas de IA são baseados em algoritmos que "aprendem" a partir dos dados.

Isso significa que os profissionais de TI, que já possuem um entendimento profundo de estruturas de dados, sistemas operacionais e redes, estão perfeitamente posicionados para essa transição.

A revolução da IA não é apenas tecnológica, é também filosófica: ela exige uma mudança de mentalidade, passando da lógica linear do código para o pensamento probabilístico e adaptativo da inteligência artificial.

Nos últimos anos, temos visto exemplos notáveis dessa revolução.

Empresas como Google, Microsoft e Amazon estão investindo massivamente em IA utilizando-a para criar assistentes virtuais, otimizar cadeias de suprimento, prever padrões de consumo e até para criar arte por meio de algoritmos de aprendizado profundo (deep learning).

Essa integração está transformando indústrias inteiras, e os profissionais de TI que optam por se especializar em IA estão na vanguarda dessa transformação.

1.1 Por que profissionais de TI devem migrar para IA?

A transição de profissionais de TI para IA não é meramente uma mudança de carreira — é uma evolução natural. O profissional de TI já lida com sistemas de informação, gerenciamento de dados e automação de processos; porém, no paradigma atual, esses sistemas exigem regras explícitas e são relativamente rígidos.

A IA, por outro lado, oferece flexibilidade e adaptabilidade por meio de modelos que aprendem com dados e ajustam-se continuamente.

Vejamos o exemplo da Amazon, que, em seu início, dependia fortemente de profissionais de TI para gerenciar sua infraestrutura digital.

Com o crescimento da empresa e a necessidade de uma escala global, a Amazon adotou soluções de IA para prever demanda, gerenciar inventário e até mesmo ajustar preços em tempo real com base no comportamento dos consumidores.

Profissionais de TI que faziam parte dessa evolução precisaram não apenas ajustar suas habilidades técnicas, mas também entender como os algoritmos de aprendizado de máquina poderiam substituir métodos tradicionais de otimização de processos.

Uma pesquisa recente do LinkedIn, intitulada "2020 Emerging Jobs Report", mostrou que a posição de engenheiro de IA e aprendizado de máquina está entre as mais rápidas em termos de crescimento global.

O relatório destaca que o número de empregos relacionados à IA cresceu 74% anualmente nos últimos quatro anos. Este cenário oferece uma oportunidade extraordinária para os profissionais de TI que desejam migrar para áreas de maior complexidade e impacto estratégico.

A decisão de migrar para IA traz consigo uma série de vantagens que vão além do aumento salarial ou de status profissional. Ela representa uma transição para um campo que está moldando o futuro da humanidade.

Profissionais de TI que fazem essa mudança não apenas aumentam suas oportunidades de carreira, mas também adquirem a habilidade de influenciar o mundo de maneiras significativas, seja no desenvolvimento de tecnologias de saúde que salvam vidas, ou na criação de soluções para problemas ambientais globais.

1.2   Além da automação: o fim de carreiras ou a renascença profissional na era da inteligência artificial?

A chegada da inteligência artificial (IA) está promovendo uma transformação profunda no mercado de trabalho, especialmente nos setores relacionados à tecnologia da informação (TI).

Para além do discurso simplificador que alude apenas à substituição de empregos, é crucial refletir sobre o impacto da IA com uma lente crítica e analítica.

1.2.1   O papel dos sistemas autônomos e a erosão das funções de suporte técnico.

Nos últimos anos, o suporte técnico de nível 1 – aquele que abrange tarefas mais básicas, como resolução de problemas simples e orientação inicial aos usuários – tem se mostrado particularmente vulnerável ao avanço das tecnologias de IA.

Os chatbots e assistentes virtuais, movidos por algoritmos de processamento de linguagem natural (PLN), vêm assumindo um volume crescente dessas atividades.

A Siri, da Apple, e a Alexa, da Amazon, são exemplos de sistemas amplamente difundidos que representam essa evolução. Essas tecnologias conseguem resolver problemas técnicos comuns sem a necessidade de intervenção humana, liberando as equipes de TI para focarem em tarefas mais complexas.

Um estudo conduzido pela consultoria McKinsey & Company prevê que, em aproximadamente uma década, a maioria das empresas já terá integrado chatbots capazes de realizar até 80% das interações de suporte técnico de nível 1, com um grau de eficiência e precisão superiores ao de seus predecessores humanos.

Profissionais de TI que hoje atuam nessas funções terão que se reposicionar, aprendendo a gerenciar e personalizar essas plataformas, adquirindo habilidades em design de diálogo e sistemas de IA conversacional.

1.2.2   A ascensão da automação: OCR e a extinção da entrada de dados.

A entrada de dados, outrora uma tarefa crucial e demorada, tornou-se uma das primeiras funções a sentir os efeitos da automação.

Com o desenvolvimento de sistemas de reconhecimento óptico de caracteres (OCR) e o PLN, a digitalização e interpretação de dados textuais, antes feita manualmente, agora ocorre de forma automática.

Empresas como ABBYY e Google estão na vanguarda dessa revolução, utilizando essas tecnologias para processar milhões de documentos em frações de segundos, eliminando a necessidade de operadores humanos.

O impacto é claro: em um prazo de 3 a 7 anos, é altamente provável que a maioria dos cargos voltados para entrada de dados seja extinta ou substancialmente reduzida.

No entanto, a análise profunda da situação revela que, com a automação, surgem novas oportunidades para profissionais que decidam expandir suas habilidades em áreas como ciência de dados e análise preditiva.

A chave aqui é a transição de um papel puramente técnico para um papel estratégico, onde o conhecimento sobre as ferramentas de IA se combina com uma visão crítica e criativa da gestão de dados.

1.2.3 Testadores de software: de operações manuais à testagem automatizada.

Tradicionalmente, testadores de software desempenhavam um papel crucial na identificação de bugs e problemas de desempenho antes do lançamento de um produto.

No entanto, as ferramentas de teste automatizado, alimentadas por algoritmos de aprendizado de máquina, estão rapidamente assumindo o controle.

Ferramentas como Selenium e TestComplete já utilizam IA para criar cenários de teste, realizar testes repetidos e até prever falhas potenciais com base em padrões de código.

Essa automação reduz o tempo necessário para os testes manuais e, ao mesmo tempo, aumenta a confiabilidade dos resultados.

O futuro desses profissionais dependerá de sua capacidade de se requalificar.

Aqueles que aprenderem a integrar ferramentas de teste automatizado aos seus fluxos de trabalho, ajustando e personalizando os algoritmos para cenários específicos, estarão melhor preparados para o futuro.

A ideia não é apenas a substituição do trabalho manual, mas a redefinição do papel humano como supervisor e otimizador de sistemas de IA.

1.2.4   Administradores de banco de dados: a era dos bancos de dados autônomos.

Os administradores de banco de dados (DBAs) estão prestes a enfrentar uma disrupção significativa com a introdução de bancos de dados autônomos, como o Oracle Autonomous Database, que prometem gerenciar e otimizar-se sem a necessidade de intervenção humana.

Tarefas rotineiras como a aplicação de patches, otimização de performance e backups estão agora sendo automatizadas, minimizando a demanda por DBAs de rotina.

Todavia, assim como em outras áreas, a IA não elimina a necessidade de intervenção humana, mas altera seu foco.

Os DBAs que se especializarem em áreas de segurança e otimização de bancos autônomos, ou que adquirirem competências em Big Data, estarão mais aptos a navegar por esse novo cenário.

A segurança de dados em um mundo movido por IA se tornará uma questão de importância crítica, e aqueles que conseguirem fornecer insights sobre como proteger bancos autônomos terão um papel estratégico vital nas organizações.

1.2.5 Programadores de Tarefas Repetitivas: O Fim da Codificação Manual?

Com a crescente adoção de ferramentas de desenvolvimento low-code e no-code, como Microsoft Power Apps e OutSystems, a codificação de tarefas repetitivas está se tornando obsoleta.

IA generativa também entra nesse campo, com ferramentas como o GitHub Copilot, que já está sendo usado para escrever e completar código automaticamente com base em entradas humanas mínimas.

Tarefas simples como a criação de scripts ou ajustes em funções repetitivas estão sendo automatizadas de forma impressionante.

Para programadores que antes se concentravam em tarefas mecânicas, o futuro parece desafiador. No entanto, a capacidade de colaborar com ferramentas de IA e direcioná-las para resolver problemas mais complexos será uma habilidade fundamental.

Profissionais que se concentram em design de sistemas, arquitetura de software ou integração de IA em produtos tecnológicos poderão manter-se competitivos em um mercado que valoriza mais a inovação do que a execução manual.

1.2.6 Gerentes de projetos de TI: a transformação do planejamento com IA.

Por último, os gerentes de projetos de TI tradicionais também estão sendo impactados. Ferramentas como o Asana e o Trello, aprimoradas com IA, estão assumindo muitas tarefas administrativas antes realizadas por esses profissionais.

A IA pode otimizar cronogramas, alocar recursos e até prever gargalos no fluxo de trabalho com base em dados históricos, diminuindo significativamente a necessidade de gerentes de projetos para tarefas repetitivas.

A resposta para esses profissionais está na adaptação e na evolução para funções mais estratégicas. Com o tempo, o foco dos gerentes de projetos deve migrar para a capacidade de tomar decisões baseadas em dados, gerenciar a integração de IA em processos complexos e liderar equipes que utilizam inteligência artificial para maximizar o desempenho organizacional.

1.3   O Que você ganhará ao longo desta jornada.

Ao optar por migrar para a IA, você entrará em um campo dinâmico que não apenas valoriza, mas exige o aprendizado contínuo. A inteligência artificial é um campo em constante evolução, onde as descobertas e inovações são feitas diariamente.

Essa transição permitirá que você desenvolva uma nova mentalidade profissional, baseada na adaptabilidade e no raciocínio probabilístico.

Aqui estão algumas das principais vantagens que você adquirirá ao longo dessa jornada:

1   Pensamento Crítico Aprimorado.

O profissional de IA precisa desenvolver a capacidade de analisar grandes volumes de dados e identificar padrões, o que requer uma abordagem crítica e criativa. A lógica rígida do desenvolvimento de software tradicional dá lugar à compreensão de como os algoritmos "pensam" e se adaptam aos dados.

2   Ferramentas Poderosas à Disposição.

Ao aprender IA, você terá acesso a uma série de ferramentas que são revolucionárias em seu potencial. Desde frameworks como TensorFlow e PyTorch até linguagens de programação amplamente utilizadas como Python, o campo de IA oferece ferramentas que permitem a criação de soluções complexas para problemas globais.

3   Maior Impacto Profissional.

Uma das maiores vantagens de se tornar um especialista em IA é a capacidade de causar um impacto real em setores diversos. Quer você trabalhe com sistemas de saúde, educação ou finanças, a IA permite desenvolver soluções que podem melhorar a vida de milhões de pessoas.

Tome como exemplo o sistema de IA da IBM, o Watson, que está sendo usado para ajudar médicos a diagnosticar e tratar pacientes com câncer. As implicações éticas e sociais dessa tecnologia são profundas, e estar no centro dessa revolução coloca o profissional em um papel de responsabilidade global.

1.4   Desafios no caminho da IA.

No entanto, essa transição não é sem desafios. Um dos maiores obstáculos que os profissionais de TI enfrentam ao migrar para IA é a "curva de aprendizado".

A matemática e a estatística por trás dos algoritmos de aprendizado de máquina podem parecer complexas à primeira vista, especialmente para aqueles que estão acostumados com o desenvolvimento de software tradicional.

Além disso, a IA exige uma mentalidade de "testar e aprender", em vez da abordagem tradicional de "planejar e construir" que domina o desenvolvimento de TI.

Para superar esses desafios, é essencial adotar uma postura de aprendizado contínuo. Hoje, há uma infinidade de recursos disponíveis para ajudar nessa transição, desde cursos online em plataformas como Coursera e edX até a participação em hackathons e conferências focadas em IA.

Um exemplo de como esse aprendizado contínuo é vital pode ser visto na trajetória de Andrew Ng, um dos mais renomados cientistas de IA e co-fundador da Coursera.

Ng começou sua carreira como cientista de dados e, ao longo do tempo, se dedicou ao estudo profundo do aprendizado de máquina, lançando um dos cursos mais populares e acessíveis sobre o tema. Seu exemplo ilustra a importância de investir tempo e energia no domínio dessas novas habilidades.

Além disso, a capacidade de colaborar com especialistas de diferentes áreas é fundamental. A IA, por sua própria natureza, é interdisciplinar. Um especialista em IA não apenas deve entender de programação, mas também de estatística, psicologia cognitiva, ética e até filosofia, para lidar com os dilemas éticos e sociais que a IA levanta.

2   Explorando o mundo da inteligência artificial.

A inteligência artificial (IA) é uma das áreas mais empolgantes e transformadoras da ciência e da tecnologia contemporâneas.

Em termos simples, IA refere-se à capacidade de sistemas computacionais de realizar tarefas que, normalmente, exigiriam a inteligência humana. Isso inclui atividades como raciocínio, aprendizado, percepção e até mesmo interação social.

O que torna a IA especialmente poderosa é sua capacidade de processar grandes quantidades de dados, identificar padrões e fazer previsões ou tomar decisões com base nesses padrões, muitas vezes com maior rapidez e precisão do que os humanos.

Ao contrário dos sistemas tradicionais de TI, que funcionam com base em regras explícitas e programação determinística, a IA, particularmente em sua vertente de aprendizado de máquina (machine learning), opera de forma probabilística. Isso significa que, em vez de depender de um conjunto fixo de instruções, os sistemas de IA são treinados com dados e aprendem a tomar decisões por meio da análise desses dados.

Quanto mais dados eles processam, mais eficazes se tornam em realizar suas tarefas, adaptando-se a novas informações e melhorando seu desempenho ao longo do tempo.

O campo da IA engloba várias subdisciplinas, como aprendizado de máquina, processamento de linguagem natural (NLP), redes neurais artificiais, visão computacional e robótica.

O aprendizado de máquina é, sem dúvida, um dos componentes mais importantes da IA moderna. Ele envolve o uso de algoritmos para identificar padrões nos dados, e então, com base nesses padrões, prever resultados ou fazer classificações.

Esses algoritmos podem variar de métodos simples de regressão linear até sofisticadas redes neurais profundas (deep learning), que se destacam em tarefas que exigem a compreensão de grandes volumes de dados complexos, como reconhecimento de voz e imagem.

2.1   IA vs. TI: similaridades, diferenças e convergências.

Para muitos profissionais de TI, a transição para a IA pode parecer desafiadora à primeira vista, mas as similaridades entre as duas áreas tornam essa jornada menos intimidadora.

Tanto a IA quanto a TI tradicional lidam com a manipulação de dados e a resolução de problemas por meio da tecnologia. O profissional de TI já possui familiaridade com conceitos importantes como arquitetura de sistemas, gerenciamento de dados e desenvolvimento de software — todos componentes essenciais para trabalhar com IA.

De fato, muitos dos conhecimentos que os profissionais de TI já possuem são fundamentais para a implementação de soluções de IA em ambientes corporativos.

No entanto, existem diferenças cruciais. Enquanto a TI tradicional foca na criação de sistemas de informação baseados em regras explícitas e programação manual, a IA busca uma abordagem mais autônoma e adaptativa.

Na TI, o comportamento do sistema é predefinido pelo programador, que especifica cada etapa da operação do software. Na IA, por outro lado, o comportamento do sistema é determinado pela sua capacidade de aprender a partir dos dados fornecidos.

Isso significa que, em vez de criar regras, o desenvolvedor de IA cria modelos que podem generalizar e tomar decisões com base em padrões não explícitos.

Um exemplo claro dessa convergência pode ser visto na área de gerenciamento de redes. No passado, os profissionais de TI programavam regras específicas para monitorar o tráfego da rede e identificar ameaças.

Hoje, os sistemas de IA podem monitorar redes inteiras em tempo real, detectar anomalias automaticamente e prever falhas antes que elas ocorram. Nesse caso, o conhecimento técnico em redes, fundamental para profissionais de TI, converge com as habilidades de aprendizado de máquina para criar soluções mais inteligentes e eficientes.

A convergência de IA e TI está se tornando cada vez mais clara à medida que empresas de tecnologia adotam soluções de automação baseadas em IA.

O campo da DevOps, por exemplo, já está sendo revolucionado pela IA, que agora ajuda a automatizar o ciclo de vida de desenvolvimento de software, desde testes automatizados até monitoramento de sistemas em produção.

Profissionais de TI que se especializam em IA se tornam uma peça-chave nesse processo, pois podem alavancar seus conhecimentos em infraestrutura e programação enquanto desenvolvem sistemas cada vez mais autônomos e inteligentes.

2.2   Porque IA é o próximo passo natural para profissionais de TI.

A transição de TI para IA é não apenas uma evolução natural, mas uma necessidade para aqueles que desejam permanecer competitivos em um cenário tecnológico em rápida transformação.

A razão pela qual IA é o próximo passo lógico para profissionais de TI reside no fato de que a tecnologia está mudando o papel da TI tradicional.

As demandas do mercado estão cada vez mais voltadas para soluções que envolvem automação inteligente, análise preditiva e eficiência operacional, todas áreas em que a IA se destaca.

Nos últimos anos, o mercado de trabalho passou a valorizar muito mais o profissional que consegue transformar grandes volumes de dados em valor de negócio.

Para isso, habilidades em aprendizado de máquina, modelagem preditiva e análise de dados são essenciais. Empresas de todos os setores estão buscando maneiras de integrar IA em seus processos de decisão, desde marketing até operações e atendimento ao cliente.

De acordo com a consultoria McKinsey, empresas que adotam IA de maneira eficaz podem aumentar suas margens de lucro em até 40% em apenas cinco anos. Isso mostra como o impacto de IA vai além da automação de tarefas: trata-se de uma transformação completa na maneira como as empresas operam.

Profissionais de TI já estão familiarizados com uma variedade de linguagens de programação, infraestrutura de dados e sistemas operacionais. Essas habilidades são altamente transferíveis para o trabalho com IA.

Por exemplo, a linguagem Python, amplamente utilizada por desenvolvedores de software, também é a principal linguagem para aprendizado de máquina.

Além disso, profissionais de TI que têm experiência com bancos de dados e sistemas de big data encontram uma vantagem ao trabalhar com IA, já que grande parte dos projetos de IA depende de dados bem estruturados e organizados.

Um exemplo que ilustra por que a IA é o próximo passo natural para profissionais de TI pode ser visto na trajetória da Netflix.

Originalmente, a Netflix era uma empresa de entrega de DVDs, mas ao longo dos anos, à medida que a empresa se transformou em uma plataforma de streaming digital, a IA desempenhou um papel crucial em sua transição.

O algoritmo de recomendação da Netflix é baseado em aprendizado de máquina, analisando as preferências dos usuários para sugerir novos conteúdos com alto nível de personalização. Essa transformação da Netflix foi possível porque profissionais de TI dentro da empresa estavam preparados para integrar novas habilidades em IA em seus conhecimentos já existentes de infraestrutura e software.

Além disso, o futuro do desenvolvimento de sistemas inteligentes depende de profissionais que sejam capazes de unir o melhor dos dois mundos: a sólida base técnica de TI e as habilidades avançadas de IA.

As oportunidades de carreira nessa área estão crescendo exponencialmente, com posições como engenheiro de machine learning, cientista de dados e especialista em inteligência artificial em alta demanda. Para o profissional de TI, fazer essa transição agora significa não apenas manter sua relevância no mercado de trabalho, mas também se posicionar como um líder no futuro da tecnologia.

Ao abraçar a IA, o profissional de TI não apenas se adapta às exigências do presente, mas se prepara para moldar o futuro.

3   Avaliando o ponto de partida.

Se você é um profissional de TI que está considerando a transição para o campo da inteligência artificial (IA), saiba que grande parte das habilidades e conhecimentos que você já possui são essenciais e altamente transferíveis para essa nova jornada.

A IA pode parecer um campo complexo e desafiador à primeira vista, mas os profissionais de TI trazem consigo uma base sólida de competências que facilitam significativamente essa transição.

3.1   Lógica de programação e desenvolvimento de software.

A lógica de programação é a espinha dorsal tanto para o desenvolvimento de software quanto para a criação de sistemas de IA. Como profissional de TI, você já domina linguagens de programação como Python, Java ou C++, que são também amplamente utilizadas em IA.

Python, em particular, é a linguagem mais popular para desenvolvimento de soluções de IA, devido à sua simplicidade e às bibliotecas especializadas, como TensorFlow, PyTorch, Scikit-learn e Keras.

Sua experiência em desenvolvimento de software oferece uma compreensão valiosa de estruturação de código, depuração e otimização de performance.

Essas habilidades são essenciais para o treinamento de modelos de aprendizado de máquina e para a criação de pipelines de dados eficientes.

Um exemplo de como a lógica de programação se aplica diretamente ao campo da IA é a criação de algoritmos para processamento de linguagem natural (NLP).

Para implementar uma solução que entenda e gere linguagem humana, o desenvolvedor precisa projetar fluxos lógicos que lidam com grandes volumes de texto, identificando padrões e estruturas sintáticas.

3.2   Gerenciamento de dados.

Os algoritmos de IA dependem fundamentalmente de dados para "aprender" e melhorar suas previsões. Como profissional de TI, você já está familiarizado com o gerenciamento de grandes volumes de dados — seja através de bancos de dados relacionais como MySQL e PostgreSQL, ou de sistemas de big data, como Hadoop e Spark.

O conhecimento em arquitetura de dados, modelagem e extração de informações é crucial no treinamento de modelos de IA, especialmente quando se trata de organizar, limpar e preparar dados para análise.

Uma das tarefas mais comuns e críticas no desenvolvimento de IA é o pré-processamento de dados. Antes de um modelo ser treinado, os dados precisam ser estruturados corretamente, o que inclui lidar com dados ausentes, normalização e a remoção de valores atípicos.

A experiência que você já possui em gerenciamento de dados é uma vantagem substancial, pois permite que você entenda as complexidades de lidar com dados em larga escala e garanta que eles estejam prontos para alimentar os algoritmos de IA.

3.3   Resolução de problemas e pensamento lógico.

Profissionais de TI são, por natureza, solucionadores de problemas. Todo o processo de desenvolvimento de software envolve a identificação de requisitos, o entendimento de desafios técnicos e a criação de soluções práticas e escaláveis.

No campo da IA, essa habilidade de resolução de problemas é essencial, pois grande parte do trabalho envolve encontrar formas eficientes de modelar e processar dados para resolver questões complexas.

Por exemplo, um engenheiro de aprendizado de máquina precisa abordar problemas como overfitting (quando um modelo aprende demais com os dados de treinamento, tornando-se incapaz de generalizar para novos dados) ou lidar com conjuntos de dados desequilibrados, nos quais uma classe de resultados pode ser mais prevalente do que outra.

A capacidade de decompor esses problemas em partes menores e abordáveis, e aplicar técnicas específicas para corrigi-los, é uma habilidade direta que profissionais de TI trazem para a IA.

3.4   Automação e Scripting.

A automação é uma das competências mais valiosas que um profissional de TI já domina e que é altamente aplicável ao desenvolvimento de IA. Tarefas de automação, como a criação de scripts para execução de processos repetitivos, ajudam a otimizar os fluxos de trabalho dentro de sistemas de IA.

Além disso, a automação é fundamental no processo de implementação de pipelines de aprendizado de máquina que envolvem o pré-processamento de dados, o treinamento de modelos e a implementação em produção.

Com a familiaridade em scripting, como Bash ou PowerShell, você pode automatizar a coleta e o pré-processamento de dados, bem como criar scripts que monitoram e ajustam modelos de IA conforme os dados mudam ao longo do tempo.

A automação também é útil no acompanhamento de métricas de desempenho dos modelos, ajudando a identificar quando ajustes ou retreinamentos são necessários.

3.5 Infraestrutura e Computação em Nuvem.

A implementação de IA em larga escala muitas vezes requer o uso de infraestruturas distribuídas e computação em nuvem. Profissionais de TI, especialmente aqueles com experiência em administração de sistemas e redes, já possuem o conhecimento necessário para configurar e manter a infraestrutura que suportará o desenvolvimento e a execução de modelos de IA.

A computação em nuvem, oferecida por plataformas como AWS, Google Cloud e Microsoft Azure, permite o treinamento de modelos em máquinas com capacidade computacional escalável, o que é crucial para o treinamento de redes neurais profundas e o processamento de grandes volumes de dados.

Além disso, o conhecimento sobre DevOps e contêineres, como Docker e Kubernetes, é altamente valorizado no campo da IA, pois essas tecnologias permitem a automação da implementação de modelos em ambientes de produção e facilitam a escalabilidade de soluções baseadas em IA.

3.6 Segurança da informação e ética.

Outro ponto forte de muitos profissionais de TI é a experiência com segurança da informação, o que se torna cada vez mais relevante no desenvolvimento de soluções de IA.

As preocupações éticas em torno do uso de dados e da privacidade são centrais para a governança de IA, e a necessidade de manter a integridade e a segurança dos dados é fundamental.

Você já tem o conhecimento necessário para garantir que os dados usados em modelos de IA estejam protegidos contra violações e que sejam usados de maneira ética e responsável.

A proteção de dados e o compliance com regulamentações, como a LGPD (Lei Geral de Proteção de Dados) no Brasil ou o GDPR na Europa, são áreas que exigem a integração de segurança cibernética com práticas de IA. Sua familiaridade com firewalls, criptografia e protocolos de segurança garante que as implementações de IA estejam seguras, minimizando riscos associados à vulnerabilidade de dados.

4 Habilidades que você precisará adquirir.

Embora os profissionais de TI tenham uma base sólida de conhecimento que facilita a transição para a inteligência artificial (IA), existem várias habilidades especializadas que precisam ser adquiridas para alcançar proficiência nesse novo campo.

A IA, especialmente o aprendizado de máquina (machine learning) e suas vertentes, exige uma combinação única de competências matemáticas, técnicas e conceituais.

Estas habilidades são cruciais para a transição de um profissional de TI para especialista em IA. Embora a curva de aprendizado possa ser íngreme, o mercado de trabalho para IA está repleto de oportunidades emocionantes para aqueles que estão dispostos a dominar essas competências.

4.1 Matemática e estatística avançadas.

Um dos primeiros obstáculos que muitos profissionais de TI enfrentam ao transitar para IA é a necessidade de um conhecimento sólido em matemática e estatística.

Embora a programação seja uma base importante, o entendimento profundo dos algoritmos de IA depende de conceitos matemáticos fundamentais. A IA é, essencialmente, uma aplicação prática de conceitos matemáticos que vão além da lógica de programação.

Álgebra linear, por exemplo, é uma área crucial, especialmente no contexto de redes neurais. Matrizes e vetores são a base de grande parte do aprendizado de máquina e do aprendizado profundo (deep learning).

Quando você treina um modelo de aprendizado profundo, está essencialmente manipulando grandes matrizes de pesos e bias através de uma série de operações lineares e não lineares.

Além disso, o cálculo diferencial desempenha um papel fundamental no ajuste dos pesos dos modelos de aprendizado de máquina. A técnica de retropropagação, amplamente utilizada em redes neurais, depende do cálculo de derivadas para ajustar os pesos de forma eficiente. Compreender o cálculo básico — como derivadas, integrais e gradientes — é essencial para quem deseja dominar o treinamento e a otimização de modelos de IA.

Já a estatística é outra área de conhecimento vital, pois muitos dos algoritmos de IA dependem de conceitos estatísticos para processar e interpretar os dados.

Termos como distribuições probabilísticas, estimativas de máxima verossimilhança e inferência estatística tornam-se essenciais ao construir modelos que precisam fazer previsões com base em dados complexos.

A estatística é a base da análise de dados, e entender conceitos como variância, desvio padrão, correlação e testes de hipótese é fundamental para interpretar resultados de modelos de aprendizado de máquina e avaliar a sua eficácia.

4.2   Teoria e prática do aprendizado de máquina (Machine Learning).

Enquanto um conhecimento básico sobre algoritmos pode ser suficiente na TI tradicional, o aprendizado de máquina exige uma compreensão detalhada de como diferentes tipos de algoritmos funcionam e como aplicá-los corretamente a problemas específicos.

O aprendizado de máquina, em sua essência, envolve algoritmos que aprendem padrões a partir de dados e fazem previsões ou classificações com base nesses padrões.

Existem vários tipos de aprendizado de máquina, e cada um deles requer um entendimento das suas particularidades:

1   Aprendizado supervisionado: Nesse tipo de aprendizado, você fornece ao algoritmo um conjunto de dados rotulados para que ele aprenda a mapear entradas para saídas.

    Algoritmos como regressão linear, árvores de decisão e máquinas de vetores de suporte (SVM) se enquadram nessa categoria.

2   Aprendizado não supervisionado: Aqui, os dados não estão rotulados e o algoritmo precisa descobrir padrões ou agrupamentos por conta própria. Métodos como clustering (agrupamento) e análise de componentes principais (PCA) são comuns.

3   Aprendizado por reforço: Um método inspirado na psicologia comportamental, onde o agente de IA aprende a tomar decisões em um ambiente dinâmico, maximizando as recompensas através de tentativa e erro.

    Esse tipo de aprendizado é amplamente utilizado em robótica e jogos.

Um dos primeiros passos para adquirir essa habilidade é aprender os princípios fundamentais de aprendizado de máquina e os tipos de algoritmos disponíveis.

Isso inclui a capacidade de diferenciar quando usar algoritmos lineares (como regressão) ou métodos mais sofisticados (como redes neurais profundas).

Plataformas como Coursera e edX oferecem cursos introdutórios valiosos sobre aprendizado de máquina que cobrem desde conceitos básicos até técnicas mais avançadas.

4.3 Deep learning e redes neurais.

O deep learning, ou aprendizado profundo, é uma subcategoria do aprendizado de máquina que tem ganhado destaque por suas impressionantes aplicações em visão computacional, reconhecimento de voz e linguagem natural.

Diferente dos algoritmos tradicionais de aprendizado de máquina, que geralmente requerem a definição explícita de características dos dados, o deep learning é baseado em redes neurais artificiais que "aprendem" essas características automaticamente a partir de grandes volumes de dados.

Redes neurais artificiais são inspiradas no cérebro humano, compostas por "neurônios" artificiais que recebem, processam e transmitem informações em uma rede complexa.

Redes neurais profundas (ou deep neural networks) têm várias camadas de neurônios, o que permite que elas identifiquem padrões muito mais complexos nos dados do que os métodos tradicionais de aprendizado de máquina.

Para um profissional de TI que deseja migrar para IA entender como construir, treinar e otimizar redes neurais é uma habilidade fundamental.

Frameworks como TensorFlow e PyTorch oferecem plataformas robustas para o desenvolvimento de redes neurais profundas. Esses frameworks são amplamente usados para construir desde simples classificadores até modelos complexos de reconhecimento de imagem e processamento de linguagem natural.

Adquirir essa habilidade envolve aprender como funcionam as camadas de redes neurais (camadas convolucionais, camadas de pooling, camadas totalmente conectadas etc.), como ajustar hiperparâmetros e como evitar problemas como overfitting (superajuste), que ocorre quando um modelo se ajusta demais aos dados de treinamento e falha em generalizar para novos dados.

4.4 Manipulação e Análise de Dados.

O preparo e a análise de dados são atividades fundamentais em qualquer projeto de IA. Mesmo que você tenha experiência em bancos de dados, precisará aprimorar suas habilidades de manipulação de dados em escala maior.

Isso inclui habilidades de extração, transformação e carregamento (ETL) de dados, além de técnicas de pré-processamento, como normalização e tratamento de dados ausentes.

Ferramentas como Pandas e NumPy, em Python, são amplamente utilizadas para manipulação de dados em projetos de IA. Essas bibliotecas permitem organizar, filtrar e transformar dados de maneira eficiente, facilitando o processo de alimentar os modelos com dados prontos para análise.

Além de manipular dados, é fundamental adquirir competências em visualização de dados para entender melhor os padrões que estão sendo descobertos pelos modelos de IA.

Ferramentas como Matplotlib e Seaborn são ótimas para criar gráficos e visualizações que ajudam a interpretar dados complexos e comunicar descobertas com clareza.

A visualização de dados desempenha um papel importante tanto no processo de exploração de dados quanto na avaliação de desempenho de modelos.

4.5 NLP (Processamento de Linguagem Natural).

O Processamento de Linguagem Natural (NLP) é uma subárea da IA que se concentra na interação entre computadores e a linguagem humana. NLP é essencial para tarefas como chatbots, tradução automática e análise de sentimentos em redes sociais. Com o crescimento exponencial de dados textuais, a capacidade de processar, analisar e interpretar grandes volumes de texto tornou-se indispensável.

Para um profissional de TI que deseja se especializar em IA, o aprendizado de técnicas de NLP é cada vez mais relevante. Ferramentas como spaCy e Natural Language Toolkit (NLTK) são bibliotecas populares para manipular texto, extração de entidades e análise semântica.

Com o NLP, você pode treinar modelos para entender e gerar linguagem natural, abrindo portas para aplicações avançadas, como assistentes virtuais e sistemas de recomendação de conteúdo.

4.6 Implementação e Deploy de Modelos de IA.

Aprender a treinar modelos de IA é uma coisa, mas saber implementá-los em um ambiente de produção é outra habilidade vital.

Para que os modelos possam ser usados em aplicações reais, é necessário garantir que eles sejam escaláveis, rápidos e seguros em um ambiente de produção. Isso envolve a implementação de pipelines de aprendizado de máquina que automatizam o treinamento e a implantação contínua de modelos.

Ferramentas como Docker e Kubernetes são amplamente utilizadas para escalar e automatizar o deploy de modelos em ambientes de produção. Ter uma sólida compreensão de MLOps (Machine Learning Operations) será crucial para profissionais que buscam integrar IA em sistemas já existentes de forma eficaz e eficiente.

5 Definindo seus objetivos e interesses dentro do campo de IA.

Ao iniciar sua transição de profissional de TI para o campo da Inteligência Artificial (IA), uma das etapas mais importantes é definir claramente seus objetivos e interesses.

A IA é um campo vasto, com diversas áreas de especialização, cada uma oferecendo oportunidades únicas e exigindo conjuntos específicos de habilidades.

Antes de embarcar em uma jornada de aprendizado e transformação de carreira, é crucial entender qual caminho dentro da IA você deseja seguir e como seus interesses e habilidades podem se alinhar com as necessidades do mercado.

Estabelecer objetivos claros ajudará não apenas a orientar sua trajetória de aprendizado, mas também a escolher as oportunidades certas, os cursos mais adequados e as áreas que melhor correspondem às suas ambições profissionais e pessoais.

Definir seus objetivos e interesses é uma das partes mais críticas da sua jornada na IA. Com um plano claro e metas alinhadas com suas paixões e o mercado, você estará pronto para explorar as vastas oportunidades que a IA oferece e fazer uma transição de sucesso.

5.1 Autoconhecimento: o primeiro passo para definir objetivos.

Antes de decidir qual área da IA seguir, é essencial fazer uma avaliação honesta das suas habilidades, interesses e aspirações. Quais aspectos da sua experiência em TI lhe proporcionam mais satisfação? O que você gostaria de aprofundar ou mudar?

Por exemplo, se você já trabalha com manipulação de grandes volumes de dados e desfruta de tarefas analíticas, talvez o aprendizado de máquina ou ciência de dados seja o caminho natural.

Por outro lado, se você tem interesse em automação e interfaces, áreas como Processamento de Linguagem Natural (NLP) ou visão computacional podem ser mais atraentes.

Faça perguntas como:

- O que eu quero alcançar com minha transição para IA?
- Estou mais interessado em pesquisa acadêmica ou em aplicações práticas e comerciais?
- Prefiro trabalhar com dados estruturados e numéricos, ou me interesso mais por linguagem e imagens?
- Estou disposto a liderar projetos ou prefiro trabalhar em equipes técnicas?

A resposta a essas perguntas o ajudará a identificar que tipo de profissional de IA você deseja ser. Ter clareza sobre suas motivações pessoais também o ajudará a manter-se focado durante os desafios inevitáveis dessa transição.

5.2   Explorando as principais áreas de atuação em IA.

A Inteligência Artificial engloba várias subáreas, cada uma com suas próprias características e aplicações. Para definir seus interesses, é importante compreender os principais campos de atuação da IA.

Aqui estão algumas das áreas mais comuns e promissoras:

- Aprendizado de Máquina (Machine Learning). Essa é uma das áreas mais populares da IA, que se concentra em desenvolver algoritmos que aprendem com dados e fazem previsões ou decisões automatizadas.

Machine learning é utilizado em uma variedade de indústrias, incluindo saúde, finanças e tecnologia, para prever padrões, identificar tendências e automatizar decisões.

Se você gosta de trabalhar com dados e tem afinidade com matemática e estatística, essa pode ser uma área promissora para você.

- Deep Learning. Uma subárea do aprendizado de máquina, o deep learning utiliza redes neurais profundas para resolver problemas extremamente complexos, como reconhecimento de imagem, fala e condução autônoma.

Esta área tem tido um crescimento explosivo nos últimos anos devido ao aumento do poder computacional e à disponibilidade de grandes conjuntos de dados. Deep learning é ideal para aqueles que desejam trabalhar com algoritmos mais avançados e complexos.

- Processamento de Linguagem Natural (NLP). O NLP é o campo da IA que se concentra na interação entre computadores e linguagem humana.

Aplicações de NLP incluem tradutores automáticos, chatbots, análise de sentimentos e assistentes de voz.

Se você tem interesse em linguagem e comunicação, NLP pode ser um campo fascinante. Aqui, você lidará com o entendimento e a geração de texto e fala, buscando melhorar a comunicação entre humanos e máquinas.

- Visão Computacional. Essa área da IA se dedica a ensinar os computadores a interpretar e entender o mundo visual. Aplicações incluem reconhecimento de imagem, análise de vídeo e sistemas de vigilância.

Profissionais que têm interesse em imagens, vídeos ou na interação entre IA e o mundo físico podem encontrar um grande potencial nessa área.

- Robótica. Para quem se interessa por IA em aplicações físicas, a robótica combina hardware e software para criar máquinas autônomas que podem interagir com o ambiente físico.

  Essa área exige conhecimentos de programação, aprendizado de máquina e até mesmo controle e engenharia mecânica. A robótica está revolucionando setores como a manufatura, a logística e a saúde.

- Ética em IA e Governança. Conforme a IA se torna mais disseminada, surge a necessidade urgente de profissionais que entendam as implicações éticas e os desafios de governança associados a essas tecnologias.

  Se você se preocupa com questões de privacidade, justiça, transparência e responsabilidade no uso de IA, essa pode ser uma área interessante para desenvolver pesquisas ou atuar em consultoria e regulação.

5.3   Combinando seus interesses com as demandas do mercado.

Uma vez que você tenha uma ideia clara das áreas de IA que mais lhe interessam, o próximo passo é alinhar esses interesses com as demandas do mercado.

Embora seja importante seguir uma área que você realmente goste, também é prudente observar o crescimento e as oportunidades de emprego em cada setor.

Por exemplo, de acordo com um relatório recente da LinkedIn, a demanda por engenheiros de aprendizado de máquina e cientistas de dados está crescendo rapidamente, e muitas empresas estão competindo por talentos qualificados.

Setores como saúde, finanças, varejo e até mesmo entretenimento estão investindo pesado em IA para aprimorar suas operações e gerar novos insights.

Aqui estão algumas perguntas que você deve considerar ao alinhar seus interesses com as demandas do mercado:

- Quais setores estão adotando IA de forma mais acelerada?

- Que tipos de habilidades específicas estão sendo mais requisitadas em ofertas de emprego?

- Existem certificações ou cursos que podem agregar valor ao meu perfil e me diferenciar no mercado?

- Que setores estão passando por uma transformação digital onde IA desempenhará um papel central?

Muitas vezes, as áreas mais quentes de IA, como aprendizado de máquina, deep learning e NLP, têm grande demanda em setores que vão desde empresas de tecnologia até instituições financeiras e startups de biotecnologia.

Por outro lado, setores emergentes como ética em IA e governança estão crescendo em importância à medida que as preocupações com privacidade e viés algorítmico ganham destaque.

5.4   Objetivos de curto, médio e longo prazo.

Para garantir uma transição de sucesso, é essencial definir objetivos de curto, médio e longo prazo. Isso inclui desde o aprendizado de novas habilidades até a conquista de posições mais avançadas no mercado de trabalho.

- Curto prazo (3 a 6 meses). Neste período, seu foco deve ser desenvolver as habilidades técnicas necessárias. Isso pode incluir aprender linguagens de programação específicas (como Python), entender os fundamentos de aprendizado de máquina e trabalhar em projetos práticos que mostrem suas novas competências.

  Faça cursos online e obtenha certificações relevantes que sejam reconhecidas pelo mercado.

  Médio prazo (6 a 18 meses). Aqui, seu foco será aplicar o que aprendeu em contextos mais desafiadores. Isso pode incluir a participação em competições de aprendizado de máquina, hackathons ou contribuir para projetos de código aberto.

- Outra meta importante para esse período é começar a construir um portfólio sólido, incluindo projetos práticos que demonstrem suas habilidades em IA.

- Longo prazo (18 meses ou mais). Após consolidar seu conhecimento, você pode começar a buscar oportunidades mais avançadas, como cargos de liderança em projetos de IA ou mesmo iniciar uma transição para a pesquisa acadêmica.

  Ao longo desse caminho, continue aprimorando suas habilidades, explorando novas subáreas de IA ou contribuindo para o desenvolvimento ético e responsável da tecnologia.

5.5   Dicas práticas para definir seus objetivos.

- Faça uma avaliação contínua do mercado: Manter-se atualizado sobre as tendências e demandas de IA o ajudará a ajustar seus objetivos conforme necessário.

- Construa um portfólio prático: À medida que você aprende, trabalhe em projetos concretos que possam ser exibidos como prova de suas habilidades.

- Busque mentoria: Conversar com especialistas da área pode ajudá-lo a identificar oportunidades e trilhas que você ainda não havia considerado.

6   Trilha de aprendizado ideal.

Ao embarcar na transição de profissional de TI para especialista em Inteligência Artificial (IA), é fundamental entender as principais tecnologias e conceitos que compõem o vasto ecossistema da IA.

Esses pilares formam a base de seu aprendizado e são essenciais para a criação de soluções que podem transformar desde processos empresariais até a vida cotidiana das pessoas.

6.1   Machine Learning: o coração da ia moderna.

O Machine Learning (Aprendizado de Máquina) é, sem dúvida, o núcleo da revolução da IA. Trata-se de uma abordagem em que sistemas computacionais aprendem a partir de dados, ajustando seus parâmetros automaticamente para melhorar o desempenho em uma tarefa específica.

Diferente dos métodos tradicionais de programação, que exigem instruções explícitas, os algoritmos de aprendizado de máquina podem analisar grandes volumes de dados, identificar padrões e fazer previsões com base nesses padrões.

Existem três principais tipos de aprendizado de máquina:

1   Aprendizado supervisionado.

Neste tipo, o modelo é treinado com dados rotulados — ou seja, cada entrada tem uma saída associada conhecida. O modelo aprende a mapear as entradas para as saídas corretas.

Exemplos comuns incluem a regressão linear (usada para prever valores contínuos, como preço de imóveis) e classificação (usada para categorizar dados em diferentes classes, como a detecção de spam em e-mails).

2   Aprendizado não supervisionado.

Aqui, o modelo trabalha com dados que não possuem rótulos. O objetivo é encontrar padrões ocultos ou agrupamentos nos dados.

Algoritmos como K-means e Análise de Componentes Principais (PCA) são frequentemente usados para tarefas como agrupamento de clientes com base em comportamento de compra ou redução de dimensionalidade em conjuntos de dados complexos.

3   Aprendizado por reforço.

Esse método envolve o treinamento de um agente de IA para tomar decisões em um ambiente dinâmico, buscando maximizar recompensas ao longo do tempo.

O aprendizado por reforço é amplamente utilizado em robótica e jogos, sendo a base para os avanços em inteligência de jogos, como o famoso AlphaGo, desenvolvido pela DeepMind, que derrotou o campeão mundial de Go.

Para o profissional de TI que deseja se especializar em IA, Machine Learning é o ponto de partida mais natural. Sua familiaridade com estruturas de dados e algoritmos permitirá que você entenda rapidamente como os modelos de aprendizado de máquina são treinados e aplicados.

As ferramentas populares, como Scikit-learn (Python), facilitam o desenvolvimento e a implementação desses modelos, permitindo que você experimente diferentes abordagens rapidamente.

6.2   Deep Learning: a próxima fronteira.

Enquanto o aprendizado de máquina se concentra em algoritmos que aprendem com os dados, o Deep Learning (Aprendizado Profundo) leva essa abordagem a um nível mais avançado.

Deep Learning é uma subárea do aprendizado de máquina que utiliza redes neurais artificiais, inspiradas no funcionamento do cérebro humano, para processar dados em camadas.

As redes neurais profundas consistem em múltiplas camadas de neurônios artificiais. Cada camada aprende uma representação diferente dos dados, permitindo que o modelo resolva problemas complexos com grande precisão.

Redes neurais convolucionais (CNNs), por exemplo, são amplamente usadas para reconhecimento de imagens, enquanto redes neurais recorrentes (RNNs) são eficazes no processamento de dados sequenciais, como séries temporais ou linguagem natural.

O Deep Learning ganhou destaque devido à sua capacidade de lidar com tarefas que exigem alto grau de complexidade, como reconhecimento facial, tradução automática e até a condução autônoma.

Um dos maiores sucessos do deep learning foi o uso de redes neurais convolucionais (CNN) em competições de reconhecimento de imagem, onde essas redes superaram significativamente todas as abordagens anteriores.

Ferramentas como TensorFlow e PyTorch tornaram-se padrão de mercado para o desenvolvimento de soluções de deep learning. Esses frameworks fornecem bibliotecas de alto nível que facilitam a construção, o treinamento e a implementação de redes neurais profundas.

O domínio de Deep Learning permitirá que você resolva problemas de alta complexidade e participe de projetos inovadores que estão na vanguarda da tecnologia.

6.3 Processamento de Linguagem Natural (NLP).

O Processamento de Linguagem Natural (NLP) é uma subárea da IA dedicada à interação entre computadores e linguagem humana. NLP é fundamental para qualquer aplicação que exija a compreensão ou geração de texto, como assistentes virtuais, chatbots e análise de sentimentos.

O NLP abrange várias técnicas e algoritmos para entender e manipular linguagem. Modelos como Bag of Words (BoW) e TF-IDF ajudam a transformar texto em dados numéricos para análise, enquanto métodos mais avançados, como Word Embeddings (incluindo Word2Vec e GloVe), são usados para capturar relações semânticas complexas entre palavras.

Recentemente, modelos de linguagem baseados em Transformers, como o famoso BERT (Bidirectional Encoder Representations from Transformers) e o GPT-3, têm revolucionado o campo de NLP. Esses modelos, que utilizam aprendizado profundo, são capazes de gerar e interpretar texto com um nível de fluência quase humano.

Para os profissionais de TI, dominar NLP abre portas para o desenvolvimento de ferramentas como chatbots, assistentes virtuais (como Alexa ou Siri), ou até mesmo mecanismos avançados de busca e recomendação de conteúdo.

6.4 Visão Computacional (Computer Vision).

A Visão Computacional é outra subárea da IA que lida com a interpretação e análise de dados visuais, como imagens e vídeos.

Usando técnicas de aprendizado profundo, a visão computacional permite que sistemas de IA reconheçam objetos, detectem rostos, rastreiem movimento e muito mais.

Redes neurais convolucionais (CNNs) são amplamente utilizadas para tarefas de visão computacional. Empresas como Tesla e Waymo utilizam essas técnicas em seus sistemas de condução autônoma, enquanto o Google Photos aplica reconhecimento de imagem para classificar e organizar automaticamente as fotos dos usuários.

Visão computacional tem uma ampla gama de aplicações, que vão desde segurança (reconhecimento facial) até diagnóstico médico (análise de imagens de radiografia).

Com o uso cada vez mais frequente de sensores de imagem e câmeras, a demanda por especialistas em visão computacional continua a crescer, tornando-se uma área estratégica para profissionais de IA.

6.5   Redes Gerativas (GANs).

As Redes Gerativas Adversariais (GANs) são uma tecnologia inovadora que tem sido usada para gerar dados sintéticos, desde imagens até texto. As GANs consistem em dois modelos neurais que competem entre si: o gerador, que cria novos exemplos, e o discriminador, que tenta distinguir entre exemplos reais e gerados. A interação entre essas duas redes leva o gerador a criar dados cada vez mais realistas.

Um dos exemplos mais famosos de GANs são as aplicações que geram rostos de pessoas que não existem, criando imagens sintéticas que são praticamente indistinguíveis das reais.

As GANs também são usadas para melhorar a qualidade de imagens de baixa resolução, gerar arte digital e até projetar medicamentos.

O domínio das GANs pode ser altamente valioso para profissionais de IA que trabalham com projetos criativos ou áreas onde a geração de dados sintéticos é essencial, como em jogos, arte ou design.

6.6   Ferramentas e Frameworks de IA

Além dos conceitos e técnicas mencionados, é crucial que os profissionais de TI que migram para IA se familiarizem com as ferramentas e frameworks que facilitam o desenvolvimento e a implementação de soluções de IA.

Alguns dos principais frameworks e bibliotecas incluem:

- TensorFlow: desenvolvido pelo Google, é uma das bibliotecas mais populares para deep learning e aprendizado de máquina.

- PyTorch: amado pela comunidade de pesquisadores, PyTorch oferece grande flexibilidade e é amplamente utilizado em projetos de pesquisa e produção.

- Keras: uma API de alto nível que roda sobre TensorFlow e facilita a construção de redes neurais.

- Scikit-learn: ideal para aprendizado de máquina tradicional, oferece uma vasta gama de algoritmos de classificação, regressão e clustering.

- OpenCV: biblioteca de visão computacional com suporte para uma vasta gama de algoritmos de processamento de imagem.

Essas tecnologias e conceitos formam a base de qualquer trilha de aprendizado em IA.

Ao dominá-los, você estará equipado para enfrentar os desafios do campo da IA desenvolver soluções inovadoras e abrir novas oportunidades de carreira.

Sejam seus interesses em machine learning, deep learning, NLP ou visão computacional, essas ferramentas e conceitos são o ponto de partida para qualquer profissional de TI que deseja se tornar um expert em IA.

6.7 Ferramentas e linguagens de programação para IA

Uma das etapas fundamentais na transição para o campo da Inteligência Artificial (IA) é se familiarizar com as ferramentas e linguagens de programação mais utilizadas.

Essas ferramentas permitem o desenvolvimento, treinamento e implementação de modelos de IA de maneira eficiente, além de facilitar a criação de soluções robustas em diversas aplicações.

Ao dominar essas ferramentas e linguagens de programação, você estará equipado para enfrentar os desafios da IA e construir soluções robustas que atendam às necessidades de uma ampla gama de indústrias.

6.7.1 Python: a linguagem de programação preferida para IA

A primeira e mais importante linguagem que você precisará dominar para trabalhar com IA é, sem dúvida, o Python.

Esta linguagem tornou-se amplamente adotada na comunidade de IA devido à sua simplicidade, versatilidade e, principalmente, à vasta quantidade de bibliotecas especializadas disponíveis para aprendizado de máquina, deep learning, processamento de linguagem natural e ciência de dados.

Por que Python?

- Simplicidade e legibilidade. Python é conhecido por sua sintaxe clara e fácil de aprender, o que permite que os desenvolvedores se concentrem nos problemas a serem resolvidos, sem se preocupar com a complexidade da linguagem. Isso torna o desenvolvimento de algoritmos de IA e aprendizado de máquina mais ágil.

- Ampla biblioteca de ferramentas. Python oferece uma vasta gama de bibliotecas e frameworks dedicados à IA, o que facilita o desenvolvimento e o treinamento de modelos. Bibliotecas como TensorFlow, PyTorch, Keras e Scikit-learn são alguns dos exemplos mais conhecidos.

6.7.2 Bibliotecas e frameworks essenciais em Python.

- TensorFlow. Criado pelo Google, o TensorFlow é uma das bibliotecas mais populares para deep learning e aprendizado de máquina. Ele permite que os desenvolvedores criem e treinem redes neurais complexas e implementem modelos de IA em escala, incluindo para dispositivos móveis.

- Keras. Inicialmente uma API de alto nível construída sobre o TensorFlow, o Keras é uma ferramenta que simplifica a construção de redes neurais. Ele é ideal para iniciantes em deep learning devido à sua facilidade de uso e integração com o TensorFlow.

- PyTorch. Popular entre pesquisadores, o PyTorch, desenvolvido pelo Facebook, é conhecido por sua flexibilidade e suporte a projetos de pesquisa que exigem iterações rápidas. É amplamente utilizado para experimentação em deep learning, com uma abordagem mais dinâmica do que o TensorFlow.

- Scikit-learn. Para aprendizado de máquina tradicional, Scikit-learn é uma biblioteca essencial. Ela oferece uma vasta gama de algoritmos de classificação, regressão e clustering, além de ferramentas para validação cruzada, processamento de dados e seleção de características.

- Pandas e NumPy. Essas bibliotecas são essenciais para manipulação e análise de dados em Python. O NumPy oferece suporte para operações com arrays multidimensionais, enquanto o Pandas permite manipular grandes volumes de dados de forma eficiente, usando estruturas como DataFrames, que facilitam a preparação de dados para os modelos de IA.

- Matplotlib e Seaborn. Para visualizar dados, essas bibliotecas são essenciais. Elas permitem a criação de gráficos e visualizações ricas, úteis para analisar os resultados dos modelos e apresentar descobertas.

Dica Prática:

Se você está iniciando sua jornada em IA, Python deve ser seu ponto de partida. Além das bibliotecas acima mencionadas, há inúmeros cursos e tutoriais disponíveis online que podem ajudá-lo a aprender Python para IA, desde o básico até projetos avançados.

6.7.3   R: Focado em Estatística e Ciência de Dados

Embora o Python seja o preferido para IA, o R também é uma linguagem popular, especialmente no campo da ciência de dados e análise estatística.

A linguagem R é amplamente utilizada em universidades e na pesquisa acadêmica devido às suas fortes capacidades estatísticas e suas bibliotecas focadas em análise de dados.

Principais Vantagens do R:

- Poder Estatístico. R oferece uma vasta gama de pacotes e funções estatísticas que facilitam a análise avançada de dados. Se você está interessado em análise estatística aprofundada em IA, R pode ser uma excelente ferramenta.

- Visualização de Dados. O R é conhecido por suas bibliotecas avançadas de visualização, como o ggplot2, que permite criar gráficos de alta qualidade e visualizações interativas, essenciais para análise e comunicação de resultados de IA.

No entanto, devido à sua maior complexidade em comparação com Python, e à sua falta de integração com frameworks avançados de deep learning, R é geralmente menos utilizado para IA. É mais comum em ciência de dados pura ou em análises estatísticas mais profundas.

Dica Prática:

Se você já tem experiência com R devido ao seu histórico em estatísticas ou ciência de dados, pode considerar complementar sua formação com Python, para que tenha acesso a ferramentas mais abrangentes no campo da IA.

6.7.4   Java e C++: performance e integração com sistemas complexos.

Embora Python seja a escolha dominante, Java e C++ ainda desempenham papéis importantes no desenvolvimento de soluções de IA, especialmente em sistemas que exigem alto desempenho e integração com infraestrutura já existente.

6.7.5   Java.

Java é amplamente utilizado no desenvolvimento de soluções empresariais em IA, devido à sua portabilidade, segurança e escalabilidade. Empresas que já possuem sistemas complexos baseados em Java podem preferir manter a integração da IA dentro desse ecossistema.

Weka: Weka é uma biblioteca de aprendizado de máquina em Java que oferece ferramentas para modelagem preditiva, análise de dados e mineração de dados.

6.7.6   C++.

O C++ é conhecido por seu desempenho de alto nível e é amplamente utilizado em IA para desenvolver soluções que requerem processamento em tempo real, como robótica, visão computacional e sistemas embarcados.

OpenCV: OpenCV é uma biblioteca de visão computacional desenvolvida em C++ (também compatível com Python), amplamente utilizada para aplicações que exigem processamento rápido de imagens e vídeos.

Dica Prática:

Se você está trabalhando em um ambiente de alta performance ou precisa integrar IA com sistemas complexos de software, Java ou C++ podem ser mais adequados para seus projetos. No entanto, para a maioria dos profissionais iniciantes em IA, Python continua sendo a escolha mais flexível e acessível.

6.7.7   Ferramentas para treinamento e implementação de modelos.

Além das linguagens de programação, existem várias ferramentas que facilitam o desenvolvimento e a implementação de soluções de IA em larga escala.

Algumas das principais ferramentas incluem:

- Jupyter Notebooks: uma das ferramentas mais populares para desenvolvimento de IA, os Jupyter Notebooks permitem que você escreva e execute código em tempo real, intercalando com explicações de texto e visualizações.

  Eles são amplamente utilizados para experimentação em aprendizado de máquina, pois facilitam a documentação do processo de desenvolvimento.

- Google Colab: uma versão baseada na nuvem do Jupyter Notebooks, o Google Colab oferece GPUs gratuitas para que os desenvolvedores possam treinar modelos de aprendizado profundo sem precisar de um hardware caro.

- Docker: docker é uma ferramenta que permite a criação de contêineres para garantir que os modelos de IA sejam implementados em ambientes de produção com todas as dependências necessárias.

  Docker é essencial para o desenvolvimento de MLOps (Machine Learning Operations), que garante a escalabilidade e robustez das soluções de ia em ambientes de produção.

- Kubernetes: Para escalar modelos de IA em grandes infraestruturas de TI, Kubernetes é amplamente utilizado para orquestrar contêineres. Ele automatiza o gerenciamento, escalabilidade e operação de contêineres, garantindo que as soluções de IA possam ser distribuídas eficientemente em várias máquinas.

Dica Prática:

Para otimizar seu fluxo de trabalho e garantir que seus projetos possam escalar adequadamente, invista tempo em aprender Docker e Kubernetes. Essas ferramentas são essenciais quando você começar a desenvolver soluções de IA em larga escala para ambientes de produção.

6.7.8   Ferramentas de computação em nuvem.

Grande parte do desenvolvimento de IA atualmente ocorre em plataformas de computação em nuvem, que oferecem a flexibilidade e o poder de processamento necessários para treinar modelos em grandes volumes de dados.

Algumas das principais plataformas incluem:

- Amazon Web Services (AWS). O AWS SageMaker oferece uma solução completa para desenvolvimento, treinamento e implementação de modelos de aprendizado de máquina na nuvem.

- Google Cloud AI. A Google Cloud oferece diversas ferramentas para IA incluindo o AI Platform, que permite desenvolver e treinar modelos com TensorFlow e outros frameworks.

- Microsoft Azure AI. A plataforma Azure AI inclui ferramentas para aprendizado de máquina, visão computacional, processamento de linguagem natural e outras soluções de IA sendo amplamente utilizada em ambientes corporativos.

Dica Prática:

Se você planeja trabalhar com IA em projetos comerciais ou que exigem escalabilidade, aprender a usar plataformas de nuvem como AWS, Google Cloud ou Azure é uma habilidade essencial.

Elas permitem treinar modelos em grandes conjuntos de dados sem a necessidade de investir em hardware caro.

6.8   Cursos e certificações recomendadas para acelerar sua transição

A transição de um profissional de TI para a área de Inteligência Artificial (IA) exige mais do que o domínio de linguagens de programação e ferramentas; requer também uma educação formal e prática nos principais conceitos de IA.

Felizmente, há uma vasta gama de cursos e certificações disponíveis online, criados tanto por instituições acadêmicas quanto por empresas líderes do setor, que podem acelerar sua jornada e validar suas novas habilidades no mercado de trabalho.

6.8.1 Machine Learning – Stanford University (Coursera).

Este curso é amplamente considerado a melhor introdução ao aprendizado de máquina. Disponível online e é ministrado por Andrew Ng, um dos maiores especialistas no campo.

O curso, oferecido pela Stanford University através da plataforma Coursera, cobre os fundamentos do aprendizado de máquina e oferece uma base sólida para profissionais que estão começando.

O que você aprenderá:

- Conceitos-chave como regressão linear, regressão logística,.redes neurais e suporte vetorial...

- Algoritmos supervisionados e não supervisionados.

- Técnicas de otimização e ajuste de modelos.

Por que é importante:

Este curso é extremamente popular, tendo formado milhares de profissionais de IA ao redor do mundo.

Ele é ideal para profissionais de TI que precisam de uma introdução robusta ao aprendizado de máquina e desejam entender o que está por trás dos algoritmos u.sados em projetos reais.

Duração.: 11 semanas.

Certificação: Sim.

Plataforma: Coursera.

6.8.2 Deep Learning Specialization – DeepLearning.AI (Coursera).

Essa especialização é outra criação de Andrew Ng, através da DeepLearning.AI, e é composta de cinco cursos focados exclusivamente no deep learning. Se você quer se aprofundar em redes neurais profundas, este é o curso certo para você.

O que você aprenderá:

- Fundamentos de redes neurais, backpropagation e funções de ativação.
- Redes neurais convolucionais (CNNs) para processamento de imagem.
- Redes neurais recorrentes (RNNs) e LSTMs para séries temporais e NLP.
- Implementação de projetos com TensorFlow e Keras.

Por que é importante:

Deep learning está na vanguarda da IA sendo utilizado em aplicações de ponta como reconhecimento de imagem, voz e processamento de linguagem natural. Esta especialização não apenas o ensina a construir redes neurais, mas também a aplicá-las em projetos do mundo real.

Duração: 3 a 6 meses.

Certificação: Sim.

Plataforma: Coursera.

6.8.3 AI for Everyone – DeepLearning.AI (Coursera).

Também criado por Andrew Ng, AI for Everyone é um curso curto e introdutório sobre os conceitos fundamentais de inteligência artificial, destinado a profissionais não técnicos ou iniciantes que querem entender o impacto da IA nos negócios e na sociedade.

O que você aprenderá:

- O que é IA e como ela pode ser aplicada em diferentes setores.

- Como construir uma estratégia de IA para sua organização.

- Noções básicas sobre algoritmos de aprendizado de máquina e deep learning, explicadas de forma acessível.

Por que é importante:

Se você está no início da sua transição e quer entender a visão geral da IA e sua aplicabilidade em diversos setores, este curso oferece uma excelente introdução.

Ele é ideal para profissionais que querem discutir IA em nível estratégico ou gerencial.

Duração: 4 semanas.

Certificação: Sim.

Plataforma: Coursera.

6.8.4 Professional Certificate in Machine Learning and Artificial Intelligence – edX (Columbia University).

Este certificado profissional oferecido pela Columbia University, uma das universidades mais renomadas do mundo, é voltado para profissionais que desejam adquirir um conhecimento aprofundado em aprendizado de máquina e inteligência artificial.

O que você aprenderá:

- Fundamentos de aprendizado de máquina e IA incluindo modelos probabilísticos e aprendizado não supervisionado.

- Aplicações práticas em visão computacional, NLP e robótica.

- Como implementar algoritmos de IA em escala usando ferramentas avançadas.

Por que é importante:

Este certificado é altamente reconhecido no mercado e oferece um currículo denso e orientado à prática, com foco em aplicações do mundo real. ~

Para profissionais de TI que desejam uma qualificação formal e profunda, este programa é uma excelente escolha.

Duração: 1 ano (8 a 10 horas por semana).

Certificação: Sim.

Plataforma: edX.

6.8.5   AI Engineer Professional Certificate – IBM (Coursera).

A IBM oferece uma certificação profissional voltada especificamente para aqueles que desejam se tornar engenheiros de IA. O curso inclui uma visão prática da construção e implementação de soluções de IA no ambiente corporativo.

O que você aprenderá:

- Fundamentos do aprendizado de máquina e deep learning.

- Desenvolvimento de modelos com Scikit-learn, TensorFlow e Keras.

- Implementação de IA com APIs da IBM Watson, como processamento de linguagem natural e análise de sentimentos.

- Uso de IA na nuvem com IBM Cloud e Docker.

Por que é importante:

Este certificado profissional é ideal para quem deseja obter uma certificação reconhecida pelo setor empresarial, especialmente em soluções corporativas de IA.

Ele fornece experiência prática com as APIs da IBM e ferramentas de nuvem que são amplamente usadas em empresas de tecnologia.

Duração: 6 meses (12 horas por semana).

Certificação: Sim.

Plataforma: Coursera.

6.8.6   Google Cloud AI & Machine Learning Professional Certificate (Google Cloud).

A Google Cloud oferece uma certificação profissional que ensina os participantes a usar a infraestrutura da Google Cloud para desenvolver, treinar e implementar modelos de aprendizado de máquina e IA.

O que você aprenderá:

- Fundamentos de machine learning e deep learning com ferramentas nativas da Google Cloud.

- Como usar Google AI Platform, TensorFlow e AutoML para construir modelos.

- Integração de IA em soluções empresariais usando a infraestrutura em nuvem do Google.

Por que é importante:

Se você deseja integrar IA e machine learning no ambiente corporativo, especialmente em escala, esta certificação oferece a oportunidade de aprender diretamente da Google Cloud.

Ela é especialmente útil para profissionais de TI que já trabalham com nuvem ou infraestrutura corporativa e desejam adicionar IA ao seu conjunto de habilidades.

Duração: 3 a 6 meses

Certificação: Sim

Plataforma: Google Cloud / Coursera

6.8.7   Microsoft Certified: Azure AI Engineer Associate.

Se você já está trabalhando com o Azure, a plataforma de nuvem da Microsoft, essa certificação é ideal para aprender a desenvolver, treinar e implementar modelos de IA utilizando os serviços de IA da Azure, como Azure Cognitive Services e Azure Machine Learning.

O que você aprenderá:

- Desenvolver soluções de IA utilizando Azure Cognitive Services, Azure Bot Services e Azure Machine Learning.

- Gerenciar dados para aprendizado de máquina e treinar modelos na infraestrutura Azure.

- Implementação de soluções de IA em escala empresarial.

Por que é importante:

Esta certificação é voltada para engenheiros de IA que desejam construir soluções com a plataforma Azure. É uma excelente opção para profissionais de TI que já têm experiência com a infraestrutura da Microsoft e desejam integrar IA em suas operações corporativas.

Duração: Varia conforme a experiência prévia.

Certificação: Sim.

Plataforma: Microsoft Learn.

6.8.8   Dicas práticas para escolher um curso ou certificação.

Ao escolher um curso ou certificação, considere os seguintes pontos:

- Nível de experiência: se você está começando sua transição para IA, um curso introdutório como "Machine Learning" de Stanford é ideal. Se já possui alguma experiência e deseja se aprofundar, busque especializações como Deep Learning ou certificados profissionais mais avançados.

- Validade no mercado: certificações de empresas como IBM, Google, Microsoft e universidades renomadas são altamente valorizadas pelo mercado. Escolher um curso de uma dessas instituições pode aumentar sua credibilidade profissional.

- Aprendizado contínuo: o campo da IA está em constante evolução. Mesmo após concluir uma certificação, é importante continuar aprendendo e experimentando com novos algoritmos e tecnologias.

Esses cursos e certificações oferecem uma base sólida para desenvolver sua carreira em IA e fornecerão as habilidades práticas e teóricas necessárias para se destacar nesse campo competitivo.

7 Desafios e obstáculos no caminho: superando a curva de aprendizado técnico

A inteligência artificial, com sua complexidade e constante evolução, apresenta uma curva de aprendizado íngreme, mesmo para profissionais experientes em tecnologia.

Neste capítulo, exploraremos os principais desafios e obstáculos encontrados no processo de aprendizagem da IA, bem como estratégias para superá-los.

7.1 Desafios comuns.

- Complexidade matemática. Muitos algoritmos de IA se baseiam em conceitos matemáticos avançados, como cálculo, álgebra linear e estatística. Essa barreira pode ser intimidadora para aqueles que não possuem uma formação sólida em matemática.

- Grande volume de informação. O campo da IA está em constante evolução, com novas pesquisas e ferramentas sendo desenvolvidas diariamente. Acompanhar essa evolução e se manter atualizado pode ser desafiador.

- Falta de dados. A qualidade e a quantidade de dados são cruciais para o treinamento de modelos de IA. A coleta e o preparo de dados podem ser um processo demorado e trabalhoso.

- Hardware especializado. Alguns algoritmos de IA, especialmente aqueles envolvendo deep learning, exigem hardware especializado, como GPUs, que podem ser caros e inacessíveis para muitos.

- Interpretabilidade. Os modelos de IA, especialmente as redes neurais profundas, podem ser difíceis de interpretar, o que dificulta a identificação de erros e a depuração.

Estratégias para superar a curva de aprendizado.

- Comece com o básico. Inicie seus estudos com conceitos fundamentais de programação, estatística e álgebra linear.

- Utilize recursos online. Existem diversas plataformas online, como Coursera, edX e Udemy, que oferecem cursos gratuitos e pagos sobre IA.

- Participe de comunidades. Participar de fóruns, grupos de discussão e comunidades online sobre IA permite trocar conhecimentos com outros entusiastas e profissionais da área.

- Experimente com projetos práticos. A melhor forma de aprender é fazendo. Crie projetos simples para aplicar os conceitos que você aprendeu.

- Mantenha-se atualizado. Acompanhe as últimas pesquisas e tendências da área através de artigos científicos, blogs e eventos.

- Colabore com outros profissionais. Trabalhar em equipe pode acelerar o processo de aprendizado e permitir que você aprenda com a experiência de outros.

- Utilize ferramentas e bibliotecas. Existem diversas ferramentas e bibliotecas de código aberto que facilitam o desenvolvimento de projetos de IA, como TensorFlow, PyTorch e Scikit-learn.

7.2   Dicas Adicionais.

- Seja paciente. Aprender IA leva tempo e dedicação. Não se desanime com as dificuldades iniciais.

- Divida seus objetivos em metas menores. Divida seus objetivos de aprendizado em pequenas metas mais alcançáveis.

- Não tenha medo de errar. O erro é parte integrante do processo de aprendizado.

- Busque mentoria. Um mentor experiente pode fornecer orientação e suporte durante sua jornada de aprendizado.

Ao superar os desafios e obstáculos, você estará bem preparado para explorar as diversas oportunidades que a inteligência artificial oferece.

7.3   Explorando as estratégias para superar a curva de aprendizado em IA com mais profundidade

1   Comece com o básico:

- Fundamentos da programação. Dominar uma linguagem de programação como Python, que é amplamente utilizada em IA, é fundamental.

- Matemática. Conhecimentos sólidos em cálculo, álgebra linear e estatística são essenciais para entender os algoritmos de aprendizado de máquina.

- Conceitos de estatística. A estatística é a base para a maioria dos algoritmos de aprendizado de máquina, especialmente para a análise de dados.

2   Utilize recursos online:

- Plataformas de ensino. Plataformas como Coursera, edX, Udemy e Khan Academy oferecem uma variedade de cursos gratuitos e pagos sobre IA, desde os fundamentos até tópicos avançados.

- Tutoriais e documentação. A documentação oficial de bibliotecas como TensorFlow e PyTorch é um excelente recurso para aprender sobre as funcionalidades e como utilizá-las.

- Blogs e artigos. Acompanhe blogs e artigos de especialistas em IA para se manter atualizado sobre as últimas tendências e pesquisas.

3 Participe de comunidades:

- Fóruns. Plataformas como Stack Overflow, Reddit e Kaggle são ótimos lugares para fazer perguntas, compartilhar conhecimentos e encontrar soluções para problemas.

- Grupos de estudo. Participe de grupos de estudo online ou presenciais para discutir tópicos de IA com outros aprendizes.

- Hackathons. Participar de hackathons é uma ótima maneira de colocar seus conhecimentos em prática e colaborar em projetos reais.

4 Experimente com projetos práticos:

Projetos simples. Comece com projetos simples, como classificadores de imagens ou modelos de previsão, para consolidar seus conhecimentos.

Competições de machine learning. Plataformas como Kaggle oferecem diversas competições onde você pode aplicar seus conhecimentos em desafios reais e competir com outros participantes.

Projetos pessoais. Desenvolva projetos pessoais que te interessem para manter a motivação e a curiosidade.

5 Mantenha-se atualizado:

Acompanhe as publicações. Leia artigos científicos em periódicos como Nature, Science e arXiv.

Assine newsletters. Assine newsletters de empresas e instituições de pesquisa que trabalham com IA.

Participe de conferências. Participar de conferências e workshops é uma ótima oportunidade para aprender sobre as últimas novidades e fazer networking.

6   Colabore com outros profissionais:

Encontre um mentor. Um mentor experiente pode fornecer orientação e feedback valiosos.

Trabalhe em projetos em equipe. Colaborar com outros profissionais em projetos de IA pode acelerar o seu aprendizado e expandir seus conhecimentos.

7   Utilize ferramentas e bibliotecas:

Bibliotecas de aprendizado de máquina. Utilize bibliotecas como TensorFlow, PyTorch, Scikit-learn e Keras para acelerar o desenvolvimento de seus modelos.

Ferramentas de visualização. Utilize ferramentas de visualização de dados para entender melhor os seus modelos e os dados com os quais você está trabalhando.

7.4   Dicas Adicionais:

- Networking. Conecte-se com outros profissionais da área através de plataformas como LinkedIn.

- Seja paciente. Aprender IA leva tempo e dedicação. Não se desanime com os desafios.

- Divirta-se. A IA é um campo fascinante e em constante evolução. Divirta-se explorando as suas possibilidades!

7.5   Lidando com a resistência interna e externa à IA.

A implementação da Inteligência Artificial (IA) em organizações muitas vezes encontra resistência, tanto interna quanto externa. Essa resistência pode ser um obstáculo significativo para a adoção e o sucesso da IA.

7.5.1 Causas da resistência.

- Medo do desemprego: a automação de tarefas por meio da IA pode gerar o temor de perda de empregos.

- Falta de confiança: a complexidade da IA e a falta de transparência em alguns algoritmos podem gerar desconfiança nos resultados.

- Custos: a implementação de soluções de IA pode exigir investimentos significativos em infraestrutura, software e treinamento.

- Resistência à mudança: a resistência à mudança é um fenômeno natural em qualquer organização e pode se manifestar de diversas formas.

- Falta de habilidades: a falta de profissionais qualificados para desenvolver e implementar soluções de IA pode ser um obstáculo.

- Preocupações éticas: questões como privacidade, viés algorítmico e o uso responsável da IA podem gerar preocupações éticas.

7.5.2 Estratégias para superar a resistência.

1 Comunicação transparente:

- Educação: promova workshops e treinamentos para explicar os benefícios da IA e como ela pode melhorar os processos e resultados da organização.

- Transparência: seja transparente sobre os objetivos da implementação da IA e como os dados serão utilizados.

2   Envolvimento dos colaboradores:

- Participação: envolva os colaboradores no processo de tomada de decisão e implementação da IA.

- Cocriação: crie um ambiente de cocriação, onde os colaboradores possam contribuir com ideias e sugestões.

3   Demonstração de resultados:

- Projetos piloto: inicie com projetos piloto para demonstrar os benefícios da IA de forma tangível.

- Métricas: defina métricas claras para medir o sucesso dos projetos e comunicar os resultados.

4   Gerenciamento do medo:

- Confiança: assegure os colaboradores de que a IA não é uma ameaça, mas sim uma ferramenta para aumentar a eficiência e a produtividade.

- Retreinamento: ofereça programas de requalificação para que os colaboradores possam adquirir novas habilidades e se adaptar às mudanças.

5   Construção de confiança:

- Explicabilidade: utilize algoritmos explicáveis para que os colaboradores possam entender como as decisões são tomadas.

- Auditoria: implemente processos de auditoria para garantir a ética e a transparência na utilização da IA.

6 Gerenciamento de custos:

- Análise de custo-benefício: realize uma análise detalhada dos custos e benefícios da implementação da IA.

- Investimento gradual: inicie com projetos menores e mais simples para reduzir os riscos e demonstrar o retorno sobre o investimento.

7 Abordando a resistência externa:

- Marketing e comunicação: utilize campanhas de marketing para educar o público sobre os benefícios da IA e desmistificar os mitos.

- Parcerias: colabore com outras empresas, universidades e instituições de pesquisa para desenvolver soluções de IA e construir confiança.

- Regulamentação: acompanhe as regulamentações e normas relacionadas à IA e adapte seus projetos para garantir a conformidade.

Em resumo, superar a resistência à IA requer uma abordagem multifacetada que envolva comunicação transparente, envolvimento dos colaboradores, demonstração de resultados, gerenciamento do medo e construção de confiança.

Ao abordar as preocupações e os desafios de forma proativa, as organizações podem colher os benefícios da IA e impulsionar a inovação.

7.6   Mantendo a motivação e evitando o esgotamento no aprendizado de IA.

A jornada de aprendizado da Inteligência Artificial pode ser tanto emocionante quanto desafiadora. A curva de aprendizado íngreme, a constante evolução do campo e a complexidade dos conceitos podem levar à frustração e ao esgotamento.

Para manter a motivação e alcançar o sucesso nesse percurso, é fundamental adotar algumas estratégias:

1   Defina metas realistas e celebrar pequenas vitórias:

- Metas SMART: estabeleça metas específicas, mensuráveis, atingíveis, relevantes e com prazo definido.

- Dívida em etapas: quebre grandes objetivos em pequenas tarefas para facilitar o acompanhamento do progresso.

- Celebre cada conquista: reconheça e celebre cada pequena vitória, por menor que seja.

2   Crie uma rotina de estudos consistente:

- Horário fixo: determine um horário específico para estudar e tente manter essa rotina.

- Ambiente adequado: crie um espaço de estudo tranquilo e organizado.

- Pausas regulares: faça pausas curtas durante os estudos para descansar e evitar a fadiga mental.

3   Explore Projetos Práticos:

- Aplicações reais: relacione os conceitos teóricos a projetos práticos para visualizar o impacto da IA no mundo real.

- Hackathons e competições: participe de hackathons e competições para colocar seus conhecimentos em prática e aprender com outros.

- Projetos pessoais: desenvolva projetos que te interessem para manter a motivação intrínseca.

4   Conecte-se com a Comunidade:

- Fóruns e grupos online: participe de fóruns e grupos de discussão para trocar ideias e tirar dúvidas.

- Eventos e meetups: participe de eventos e meetups para conhecer outros profissionais da área e expandir sua rede de contatos.

- Mentoria: Busque um mentor para te guiar e oferecer suporte.

5   Cuide da Saúde Física e Mental:

- Exercícios físicos: a prática regular de exercícios físicos ajuda a reduzir o estresse e a melhorar a concentração.

- Alimentação saudável: uma dieta equilibrada fornece a energia necessária para os estudos.

- Sono adequado: durma o suficiente para garantir um bom desempenho cognitivo.

- Hobbies: reserve tempo para atividades que você gosta para relaxar e recarregar as energias.

6   Mantenha a Curiosidade:

- Explore novas áreas: Não se limite a um único tópico. Explore diferentes áreas da IA para expandir seus conhecimentos.

- Leia artigos e acompanhe as novidades: Mantenha-se atualizado sobre as últimas pesquisas e tendências.

7   Seja paciente e persistente:

- Aprendizado contínuo: A IA é um campo em constante evolução. Esteja preparado para aprender continuamente.

- Não desista: Enfrente os desafios como oportunidades de crescimento.

Observe que a jornada de aprendizado da IA é um maratona, e não uma corrida. Ao manter a motivação e adotar hábitos saudáveis, você estará mais preparado para superar os desafios e alcançar seus objetivos.

7.7   Gerenciando o medo do fracasso no aprendizado de IA.

O medo do fracasso é um sentimento comum a todos nós, especialmente quando estamos aprendendo algo novo e desafiador como a Inteligência Artificial.

A ansiedade e a insegurança podem nos paralisar e impedir que alcancemos nosso pleno potencial. No entanto, existem diversas estratégias que podemos utilizar para superar esses sentimentos e manter a motivação.

1   Compreendendo a Origem do Medo:

- Percepção de complexidade. A IA pode parecer um campo muito complexo e abrangente, o que pode gerar a sensação de que não somos capazes de aprender.

- Comparação com outros. Comparar-se com outros que parecem mais avançados pode gerar sentimentos de inferioridade.

- Medo do julgamento: O medo de ser julgado por não entender algo ou cometer erros pode ser paralisante.

- Estratégias para Superar o Medo.

- Mude sua perspectiva. Em vez de focar no medo do fracasso, concentre-se no aprendizado e no crescimento pessoal. Cada erro é uma oportunidade para aprender e melhorar.

- Comece pequeno. Divida seus objetivos em metas menores e mais alcançáveis. Ao celebrar cada pequena vitória, você ganhará confiança e motivação para continuar.

- Seja gentil consigo mesmo. Todos cometemos erros. Seja paciente consigo mesmo e aprenda com suas experiências.

- Celebre o processo. Aprecie a jornada de aprendizado, em vez de se concentrar apenas no resultado final.

- Busque apoio. Compartilhe seus desafios com amigos, colegas ou mentores. Ter alguém para conversar e oferecer apoio pode fazer toda a diferença.

- Pratique a autocompasão. Seja gentil consigo mesmo e reconheça que você está fazendo o seu melhor.

- Visualize o sucesso. Imagine-se alcançando seus objetivos. A visualização pode aumentar sua confiança e motivação.

- Mantenha um diário de gratidão. Anote as coisas pelas quais você é grato. Isso pode ajudar a mudar sua perspectiva e aumentar sua positividade.

7.7.1 Dicas Práticas.

- Comece com o básico. Domine os fundamentos antes de avançar para tópicos mais complexos.

- Utilize recursos online. Existem diversas plataformas e comunidades online que oferecem suporte e recursos para aprendizado.

- Participe de grupos de estudo. Compartilhar o aprendizado com outras pessoas pode te ajudar a se sentir mais conectado e motivado.

- Pratique a regularidade. Estude um pouco todos os dias, em vez de tentar aprender tudo de uma vez.

- Faça pausas. É importante descansar e recarregar as energias para manter a produtividade.

7.8 Mantendo a Motivação e Evitando o Esgotamento no Aprendizado de IA.

A jornada de aprendizado da Inteligência Artificial pode ser tanto emocionante quanto desafiadora. A curva de aprendizado íngreme, a constante evolução do campo e a complexidade dos conceitos podem levar à frustração e ao esgotamento.

Para manter a motivação e alcançar o sucesso nesse percurso, é fundamental adotar algumas estratégias:

1 Defina Metas Realistas e Celebrar Pequenas Vitórias:

- Metas SMART: Estabeleça metas específicas, mensuráveis, atingíveis, relevantes e com prazo definido.

- Divida em etapas. Quebre grandes objetivos em pequenas tarefas para facilitar o acompanhamento do progresso.

- Celebre cada conquista. Reconheça e celebre cada pequena vitória, por menor que seja.

2 Crie uma Rotina de Estudos Consistente.

- Horário fixo. Determine um horário específico para estudar e tente manter essa rotina.

- Ambiente adequado. Crie um espaço de estudo tranquilo e organizado.

- Pausas regulares. Faça pausas curtas durante os estudos para descansar e evitar a fadiga mental.

3 Explore Projetos Práticos.

- Aplicações reais. Relacione os conceitos teóricos a projetos práticos para visualizar o impacto da IA no mundo real.

- Hackathons e competições. Participe de hackathons e competições para colocar seus conhecimentos em prática e aprender com outros.

- Projetos pessoais. Desenvolva projetos que te interessem para manter a motivação intrínseca.

4 Conecte-se com a Comunidade.

- Fóruns e grupos online. Participe de fóruns e grupos de discussão para trocar ideias e tirar dúvidas.

- Eventos e meetups. Participe de eventos e meetups para conhecer outros profissionais da área e expandir sua rede de contatos.

- Mentoria. Busque um mentor para te guiar e oferecer suporte.

5   Cuide da Saúde Física e Mental.

- Exercícios físicos. A prática regular de exercícios físicos ajuda a reduzir estresse e a melhorar a concentração.

- Alimentação saudável. Uma dieta equilibrada fornece a energia necessária para os estudos.

- Sono adequado. Durma o suficiente para garantir um bom desempenho cognitivo.

- Hobbies. Reserve tempo para atividades que você gosta para relaxar e recarregar as energias.

6   Mantenha a Curiosidade.

Explore novas áreas: não se limite a um único tópico. Explore diferentes áreas da IA para expandir seus conhecimentos.

Leia artigos e acompanhe as novidades: Mantenha-se atualizado sobre as últimas pesquisas e tendências.

7   Seja paciente e persistente.

Aprendizado contínuo: a IA é um campo em constante evolução. Esteja preparado para aprender continuamente.

Não desista: enfrente os desafios como oportunidades de crescimento.

Lembre-se: A jornada de aprendizado da IA é um maratona, e não uma corrida. Ao manter a motivação e adotar hábitos saudáveis, você estará mais preparado para superar os desafios e alcançar seus objetivos.

7.9   Construindo uma rede de contatos na área de ia: a chave para o sucesso.

A importância do networking na área de IA é inegável. Ao conectar-se com outros profissionais, você não apenas expande seus conhecimentos, mas também abre portas para novas oportunidades de aprendizado, colaboração e crescimento profissional.

Por que o networking é tão importante na IA?

- Compartilhamento de conhecimentos: ao interagir com outros profissionais, você pode aprender sobre novas técnicas, ferramentas e tendências na área.

- Mentoria: encontrar um mentor experiente pode te ajudar a superar desafios e acelerar seu desenvolvimento.

- Colaboração em projetos: trabalhar em projetos com outros profissionais pode te ajudar a desenvolver novas habilidades e expandir seus conhecimentos.

- Oportunidades de emprego: sua rede de contatos pode te ajudar a encontrar novas oportunidades de emprego ou projetos.

- Visibilidade: ao participar de eventos e comunidades, você aumenta sua visibilidade no mercado de trabalho.

Como construir uma rede de contatos na área de IA?

- Participe de eventos: conferências, meetups, hackathons e workshops são excelentes oportunidades para conhecer outros profissionais da área.

- Utilize plataformas online: plataformas como LinkedIn, GitHub e Kaggle são ótimas ferramentas para se conectar com outros profissionais da área.

- Junte-se a grupos de estudo: participar de grupos de estudo pode te ajudar a conhecer pessoas com interesses semelhantes e aprender juntos.

- Seja ativo nas comunidades online: participe de fóruns e grupos de discussão, compartilhe seus conhecimentos e ajude outros.

- Colabore em projetos open source: contribuir para projetos open source é uma ótima maneira de demonstrar suas habilidades e conhecer outros desenvolvedores.

- Mantenha contato: não se limite a apenas conhecer novas pessoas. Mantenha contato com sua rede, compartilhe suas conquistas e ofereça ajuda quando possível.

Dicas para construir relacionamentos duradouros:

- Seja genuíno: Mostre interesse genuíno pelas pessoas e suas ideias.

- Ofereça ajuda: Esteja disposto a ajudar os outros quando precisar.

- Seja um bom ouvinte: Ouça atentamente o que os outros têm a dizer.

- Mantenha contato regular: Envie mensagens, e-mails ou ligue para seus contatos regularmente.

Em resumo, investir em sua rede de contatos é um investimento em seu futuro profissional. Ao construir relacionamentos sólidos com outros profissionais da área de IA, você estará mais bem preparado para enfrentar os desafios do mercado de trabalho e alcançar seus objetivos.

8 Desenvolvendo um Mindset de Crescimento: Cultivando a Aprendizagem Contínua.

Um mindset de crescimento é a crença de que nossas habilidades e inteligência podem ser desenvolvidas com esforço e dedicação.

Ao contrário do mindset fixo, que acredita que nossas capacidades são inatas e imutáveis, o mindset de crescimento nos impulsiona a buscar novos desafios, aprender com os erros e evoluir continuamente.

Por que o mindset de crescimento é importante na área de IA?

- A IA está em constante evolução: novas tecnologias e algoritmos surgem a todo momento, exigindo que os profissionais se adaptem e aprendam continuamente.

- Problemas complexos exigem novas soluções: a resolução de problemas complexos na área de IA requer criatividade e a capacidade de pensar fora da caixa.

- Colaboração é fundamental: um mindset de crescimento facilita a colaboração com outros profissionais, pois promove a abertura para novas ideias e perspectivas.

Como cultivar um mindset de crescimento?

- Abrace os desafios: veja os desafios como oportunidades de aprendizado e crescimento, em vez de obstáculos.

- Celebre o processo: aprecie a jornada de aprendizado, em vez de se concentrar apenas no resultado final.

- Valorize os erros: encare os erros como oportunidades de aprendizado e aprimoramento.

- Busque feedback: solicite feedback de colegas e mentores para identificar áreas de melhoria.

- Mantenha a curiosidade: pergunte-se constantemente "como posso melhorar?" e "o que mais posso aprender?".

- Rodeie-se de pessoas inspiradoras: interaja com pessoas que compartilham seu desejo de aprender e crescer.

- Pratique a autocompaixão: seja gentil consigo mesmo e reconheça seus esforços.

- Visualize o sucesso: imagine-se alcançando seus objetivos. A visualização pode aumentar sua confiança e motivação.

- Leia e se informe: mantenha-se atualizado sobre as últimas tendências e pesquisas na área de IA.

- Experimente coisas novas: saia da sua zona de conforto e explore novas áreas de conhecimento.

Estratégias práticas para o dia a dia:

- Estude regularmente: dedique um tempo todos os dias para aprender algo novo.

- Participe de comunidades online: interaja com outros profissionais da área e compartilhe seus conhecimentos.

- Faça cursos e workshops: invista em sua educação continuada.

- Trabalhe em projetos pessoais: aplique seus conhecimentos em projetos práticos.

- Mantenha um diário de aprendizado: anote seus progressos e desafios.

Em resumo, cultivar um mindset de crescimento é uma jornada contínua. Ao adotar essas estratégias, você estará mais bem preparado para enfrentar os desafios da área de IA e alcançar seus objetivos.

9 Lidando com o burnout: como evitar o esgotamento mental e físico durante o aprendizado.

O burnout, ou esgotamento profissional, é um problema cada vez mais comum, especialmente em áreas que exigem alto nível de concentração e dedicação, como o aprendizado da Inteligência Artificial.

A sensação de sobrecarga, a exaustão mental e física e a perda de motivação são sintomas comuns do burnout. Para evitar que isso aconteça, é importante adotar algumas estratégias:

9.1 Estabeleça Limites.

- Hora de começar e terminar. Defina horários específicos para estudar e respeite-os.

- Pausas regulares. Faça pausas curtas a cada hora para descansar e se alongar.

- Desconecte-se. Estabeleça momentos para se desconectar completamente das atividades relacionadas à IA.

9.2 Crie uma Rotina Saudável.

- Sono. Durma o suficiente para garantir que seu corpo e mente estejam descansados.

- Alimentação. Mantenha uma dieta equilibrada para ter energia ao longo do dia.

- Exercícios. A prática de atividades físicas ajuda a reduzir o estresse e a melhorar a concentração.

9.3 Organize seu Tempo.

- Gerenciamento de tempo. Utilize técnicas como a técnica Pomodoro para otimizar seus estudos.

- Priorize tarefas. Identifique as tarefas mais importantes e concentre-se nelas primeiro.

- Evite a procrastinação. Crie um ambiente de estudo livre de distrações.

9.4 Cuide da Saúde Mental.

- Meditação e mindfulness. Pratique técnicas de relaxamento para reduzir o estresse.

- Hobbies. Reserve tempo para atividades que você gosta e que te trazem prazer.

- Busque apoio. Converse com amigos, familiares ou um profissional de saúde mental sobre como você se sente.

9.5 Varie as Atividades.

- Rotina diversificada. Alterne entre diferentes tipos de atividades de aprendizado para evitar a monotonia.

- Explore diferentes áreas da IA. A amplitude da IA permite que você explore diversos temas e mantenha o interesse.

9.6 Seja Realista com Seus Objetivos.

- Metas alcançáveis. Estabeleça metas realistas e celebre suas conquistas.

- Evite a comparação. Compare seu progresso com o seu próprio e não com o dos outros.

9.7 Reconheça os Sinais de Burnout.

- Fadiga. Cansaço excessivo, tanto físico quanto mental.

- Desmotivação. Perda de interesse pelas atividades.

- Dificuldade de concentração. Dificuldade em se concentrar em tarefas.

- Isolamento social. Tendência a se isolar e evitar interações sociais.

Se você perceber que está sofrendo com burnout, procure ajuda profissional. Um terapeuta pode te ajudar a desenvolver estratégias para lidar com o estresse e a ansiedade.

Lembre-se: É importante encontrar um equilíbrio entre o trabalho e a vida pessoal. Ao cuidar de sua saúde física e mental, você estará mais preparado para enfrentar os desafios do aprendizado da IA.

10 Criando um portfólio: demonstre suas habilidades e se destaque no mercado de trabalho.

Um portfólio é mais do que apenas um currículo. É uma vitrine das suas habilidades, um espaço para você mostrar o que você é capaz de fazer.

Para profissionais da área de Inteligência Artificial (IA), um portfólio bem construído pode ser a chave para conseguir um emprego dos sonhos ou um projeto desafiador.

10.1   Por que um portfólio é importante?

- Demonstração prática: um portfólio permite que você mostre suas habilidades de forma prática, através de projetos reais.

- Diferenciação: em um mercado de trabalho cada vez mais competitivo, um portfólio bem elaborado te ajuda a se destacar.

- Credibilidade: projetos bem-sucedidos demonstram sua competência e experiência.

- Comunicação: um portfólio bem estruturado facilita a comunicação de suas habilidades e conhecimentos.

10.2   Como criar um portfólio eficaz?

1. Defina seu público: quem você quer impressionar com seu portfólio? Adapte o conteúdo de acordo com o público-alvo.

2. Escolha o formato: seu portfólio pode ser um site, um PDF interativo ou uma plataforma online como o GitHub.

3. Selecione seus melhores projetos: inclua apenas os projetos que melhor demonstram suas habilidades e que estão alinhados com os seus objetivos de carreira.

4. Crie uma narrativa: conte uma história com seus projetos. Mostre como você evoluiu ao longo do tempo e quais desafios você superou.

5. Use uma linguagem clara e concisa: explique seus projetos de forma clara e objetiva, evitando jargões técnicos.

6. Inclua detalhes técnicos: descreva as tecnologias, ferramentas e metodologias utilizadas em cada projeto.

7. Use imagens e vídeos: utilize imagens e vídeos para ilustrar seus projetos e torná-los mais interessantes.

8. Destaque seus resultados: mostre os resultados alcançados com seus projetos, como a melhoria de um processo ou a criação de um novo produto.

9. Seja organizado: mantenha seu portfólio organizado e fácil de navegar.

10. Mantenha-o atualizado: atualize seu portfólio regularmente para incluir novos projetos e demonstrar seu crescimento profissional.

10.3   O que incluir em seu portfólio?

- Projetos pessoais: projetos que você desenvolveu por conta própria.

- Projetos acadêmicos: trabalhos realizados durante a graduação ou pós-graduação.

- Projetos de trabalho: projetos desenvolvidos em empresas anteriores.

- Hackathons e competições: participação em eventos e competições.

- Artigos e publicações: artigos técnicos, blogs ou publicações em revistas especializadas.

- Certificados: certificações em cursos e treinamentos.

Exemplos de plataformas para criar um portfólio:

- GitHub: ideal para desenvolvedores, permite hospedar seu código e criar páginas para seus projetos.

- Kaggle: plataforma para data scientists, onde você pode compartilhar seus notebooks e datasets.

- Wix, Squarespace: plataformas para criar sites personalizados.

- Behance: plataforma para mostrar trabalhos criativos.

Dicas extras:

- Peça feedback: Peça para amigos, colegas e mentores darem feedback sobre seu portfólio.

- Personalize seu portfólio: adapte seu portfólio para cada oportunidade de emprego.

- Use palavras-chave: utilize palavras-chave relevantes para a área de IA para facilitar a busca por seu portfólio.

Lembre-se: Seu portfólio é a sua vitrine para o mundo. Invista tempo e esforço na sua criação para se destacar no mercado de trabalho.

11 Construindo um portfólio estratégico em inteligência artificial: um guia para a seleção de projetos impactantes.

No cenário atual da Inteligência Artificial, onde a evolução tecnológica ocorre em ritmo acelerado, a construção de um portfólio diferenciado tornou-se um elemento crucial para profissionais que desejam se destacar neste campo.

Com o surgimento de novas ferramentas, frameworks e aplicações de IA, a seleção estratégica de projetos ganhou ainda mais importância.

O alinhamento dos projetos com objetivos profissionais transcende a simples demonstração de habilidades técnicas. Em um mercado onde 67% dos empregadores buscam profissionais com experiência prática em IA, é fundamental desenvolver projetos que reflitam não apenas competências técnicas, mas também compreensão profunda do impacto da tecnologia nos negócios.

Estudos recentes indicam que profissionais com portfólios bem alinhados às demandas do mercado têm 40% mais chances de serem contratados.

11.1 Aspectos relevantes a considerar.

A relevância para o mercado atual de IA deve considerar tendências emergentes como:

- Modelos de Linguagem Natural (NLP) e aplicações práticas.
- Sistemas de visão computacional e reconhecimento de padrões.
- Aprendizado por reforço em ambientes complexos.
- Ética e responsabilidade em IA.
- Otimização de recursos e eficiência energética.
- Integração de IA com IoT e edge computing.

- Aplicações em setores específicos (saúde, finanças, varejo).

Quanto à complexidade dos projetos, a progressão estratégica é fundamental. Pesquisas mostram que 82% dos recrutadores valorizam mais a evolução consistente do que projetos complexos isolados.

Uma abordagem recomendada inclui:

1. Projetos Iniciais:

- Implementação de algoritmos clássicos de machine learning.
- Análise exploratória de dados com bibliotecas populares.
- Desenvolvimento de chatbots básicos.
- Classificação de imagens usando modelos pré-treinados.

2. Projetos Intermediários:

- Sistemas de recomendação personalizados.
- Análise de sentimentos em redes sociais.
- Detecção de objetos em tempo real.
- Previsão de séries temporais.

3. Projetos Avançados:

- Desenvolvimento de modelos próprios de deep learning.
- Sistemas de IA generativa.
- Implementação de arquiteturas de IA distribuída.
- Soluções de automação inteligente.

A originalidade nos projetos de IA ganhou nova dimensão com a popularização de ferramentas como GPT e DALL-E.

Para se destacar, profissionais devem:

- Desenvolver soluções para problemas únicos ou negligenciados.
- Combinar diferentes tecnologias de forma inovadora.

- Criar interfaces e experiências de usuário diferenciadas.
- Abordar questões sociais ou ambientais relevantes.
- Implementar melhorias significativas em soluções existentes.

11.2   Aspectos técnicos a considerar.

Com o surgimento constante de novas ferramentas, frameworks e metodologias em IA, a excelência técnica na construção do portfólio ganhou dimensões mais complexas e sofisticadas.

Não basta apenas conhecer algoritmos e bibliotecas; é preciso demonstrar maestria em aspectos como arquitetura de software, práticas de desenvolvimento sustentável, e implementação de padrões de qualidade que atendam às exigências da indústria moderna.

Pesquisas recentes indicam que 92% dos recrutadores técnicos avaliam a qualidade do código e a estruturação dos projetos como critérios decisivos no processo seletivo.

Em um cenário onde a competição por posições em IA se intensifica, a atenção aos aspectos técnicos essenciais torna-se um elemento crucial para destacar-se no mercado e construir uma carreira sólida neste campo em constante evolução.

Aspectos técnicos essenciais para um portfólio moderno em IA:

1. Documentação Clara:

- Descrição detalhada da arquitetura.
- Explicação das escolhas tecnológicas.
- Métricas de performance e resultados.
- Desafios encontrados e soluções implementadas.

2. Código Limpo e Organizado:

- Boas práticas de programação.
- Versionamento adequado.

- Testes automatizados.
- Documentação inline relevante.

3. Reproducibilidade:

- Ambientes virtuais bem definidos.
- Instruções claras de instalação.
- Dados de exemplo ou simulados.
- Scripts de configuração automatizados.

Tendências atuais que devem ser consideradas:

- Explainable AI (XAI):

  - Transparência nos modelos.
  - Interpretabilidade das decisões.
  - Análise de viés e fairness.

- Green AI:

  - Eficiência energética.
  - Otimização de recursos.
  - Sustentabilidade computacional.

- MLOps:

  - Automação de pipelines.
  - Monitoramento de modelos.
  - Integração contínua.

Para maximizar o impacto do portfólio:

1. Apresentação Profissional:

- Website pessoal organizado.
- README.md bem estruturados.
- Demonstrações interativas quando possível.

- Documentação visual (diagramas, gráficos).

2. Compartilhamento Estratégico:

- Presença ativa no GitHub.
- Artigos técnicos em blogs especializados.
- Participação em comunidades de IA.
- Apresentações em eventos técnicos.

3. Atualização Constante:

- Incorporação de novas tecnologias.
- Refinamento de projetos existentes.
- Adaptação às tendências do mercado.
- Feedback da comunidade

Um portfólio efetivo em IA deve demonstrar não apenas competência técnica, mas também:

- Pensamento crítico na solução de problemas.
- Capacidade de adaptação a novas tecnologias.
- Compreensão do impacto comercial das soluções.
- Consciência ética e responsabilidade social.
- Habilidade de comunicação técnica clara.

Observe que a construção de um portfólio em IA é um processo dinâmico que requer planejamento estratégico, execução consistente e adaptação constante às mudanças do mercado.

Com a maioria das empresas planejando aumentar seus investimentos em IA nos próximos anos, um portfólio bem construído torna-se um diferencial competitivo fundamental para profissionais da área.

11.3   Exemplos de projetos.

No cenário tecnológico em rápida evolução, a escolha estratégica de projetos de Inteligência Artificial tornou-se fundamental para construir um portfólio diferenciado.

Com o avanço exponencial das tecnologias de IA e a crescente demanda por soluções sofisticadas, é essencial desenvolver projetos que demonstrem não apenas competência técnica, mas também compreensão profunda das aplicações práticas e impacto nos negócios.

1   Visão Computacional (Computer Vision).

A área de visão computacional experimenta uma revolução com o advento de modelos transformers e arquiteturas híbridas.

Projetos modernos nesta área incluem:

- Sistemas de vigilância inteligente com detecção de comportamentos anômalos.
- Reconhecimento facial com privacidade by design.
- Diagnóstico médico através de análise de imagens radiológicas.
- Inspeção industrial automatizada em tempo real.
- Análise de tráfego urbano e mobilidade.
- Reconhecimento de gestos para interfaces naturais.
- Sistemas de realidade aumentada responsivos.

As tecnologias emergentes neste campo incluem:

- Vision Transformers (ViT).
- Modelos Few-shot learning.
- Arquitecturas eficientes para edge computing.
- Sistemas de visão 3D e point clouds.
- Fusão de sensores multimodais.

2   Processamento de Linguagem Natural (NLP).

Com o surgimento de modelos como GPT-4 e Claude, o campo de NLP expandiu significativamente suas possibilidades.

Projetos relevantes incluem:

- Assistentes virtuais especializados por indústria.
- Sistemas de summarização inteligente.
- Análise de sentimentos multimodal.
- Chatbots com personalidade adaptativa.
- Tradução contextual avançada.
- Geração de conteúdo personalizado.
- Análise de documentos jurídicos.

3   Tecnologias e frameworks em destaque.

- Transformers com atenção eficiente.
- Modelos multilíngues zero-shot.
- Frameworks de fine-tuning otimizado.
- Sistemas de knowledge grounding.
- Arquitecturas híbridas com recuperação.

4   Aprendizado de Máquina Clássico.

Mesmo com o avanço do deep learning, o machine learning clássico mantém sua relevância com aplicações críticas:

- Sistemas de detecção de fraudes em tempo real.
- Modelos de pricing dinâmico.
- Otimização de supply chain.
- Previsão de demanda multivariate.
- Sistemas de recomendação contextuais.
- Análise preditiva de manutenção.
- Segmentação comportamental avançada.

5   Técnicas e ferramentas modernas:

- AutoML para otimização de hiperparâmetros.
- Ensemble methods adaptativos.
- Feature engineering automática.
- Interpretabilidade e explicabilidade.
- MLOps e monitoramento contínuo.

6   Deep Learning e Redes Neurais.

O campo de deep learning continua expandindo com arquiteturas cada vez mais sofisticadas:

- Sistemas generativos multimodais.
- Redes neurais auto-adaptativas.
- Modelos de atenção cross-modal.
- Arquiteturas neural-symbolic
- Transfer learning otimizado
- Sistemas de aprendizado contínuo.
- Redes neurais quânticas.

Inovações tecnológicas recentes:

- Arquitecturas Neural Architecture Search.
- Modelos de eficiência energética.
- Sistemas de aprendizado federado.
- Redes neurais probabilísticas.
- Hardware especializado para deep learning.
- IA Aplicada a Domínios Específicos.

11.4   A aplicação da IA em diferentes setores tem gerado projetos altamente impactantes:

1. Saúde:

- Diagnóstico automático por imagem.
- Descoberta de drogas assistida por IA.
- Previsão de surtos epidêmicos.
- Medicina personalizada.
- Análise genômica avançada.

2. Finanças:

- Trading algorítmico adaptativo.
- Análise de risco em tempo real.
- Detecção de lavagem de dinheiro.
- Scoring de crédito contextual.
- Consultoria financeira automatizada.

3. Sustentabilidade:

- Otimização de consumo energético.
- Monitoramento ambiental inteligente.
- Previsão de desastres naturais.
- Agricultura de precisão.
- Gestão de recursos hídricos.

4. Indústria 4.0:

- Manutenção preditiva avançada.
- Otimização de processos industriais.
- Controle de qualidade automatizado.
- Robótica colaborativa.
- Digital twins inteligentes.

11.5 Tendências emergentes a considerar:

1 Explainable AI (XAI):

- Interpretabilidade dos modelos.
- Auditoria de decisões.
- Análise de viés algorítmico.

2 Green AI:

- Eficiência computacional.
- Redução de consumo energético.
- Sustentabilidade algorítmica.

3 Edge AI:

- Processamento distribuído.
- Otimização para dispositivos móveis.
- Privacidade by design.

4 AI Ethics:

- Governança algorítmica.
- Privacidade e segurança.
- Impacto social responsável.

11.6 Para maximizar o impacto do portfólio, é essencial:

1. Documentação Profissional:

- Descrição clara dos objetivos.
- Metodologia detalhada.
- Resultados quantificados.
- Código bem comentado.

2. Demonstração de Impacto:

- Métricas de performance.
- Casos de uso práticos.
- Análise de custo-benefício.
- Escalabilidade da solução.

3. Inovação Responsável:

- Considerações éticas
- Impacto ambiental
- Acessibilidade
- Inclusão social

11.7   Princípios Fundamentais para o Desenvolvimento de Projetos Inovadores em IA.

O desenvolvimento de projetos em Inteligência Artificial requer uma abordagem multifacetada e estratégica, fundamentada em princípios essenciais que garantem não apenas o sucesso técnico, mas também o impacto significativo no mercado e na sociedade.

Em um cenário onde 93% das empresas consideram a IA como prioridade estratégica, a aderência a estes princípios torna-se crucial para o desenvolvimento de soluções verdadeiramente impactantes.

A relevância para o mercado atual emerge como primeiro pilar fundamental. Pesquisas recentes indicam que 87% dos projetos de IA bem-sucedidos são aqueles que respondem diretamente a necessidades específicas do mercado.

Isto implica em profunda compreensão das tendências tecnológicas, demandas setoriais e gaps de mercado. Os desenvolvedores devem manter-se constantemente atualizados sobre as últimas inovações e requisitos do mercado, garantindo que suas soluções permaneçam competitivas e relevantes.

O potencial de escalabilidade representa o segundo elemento crítico. Com o mercado de IA projetado para crescer 38% anualmente até 2030, soluções escaláveis tornam-se imperativas.

A arquitetura do projeto deve contemplar não apenas as necessidades imediatas, mas também prever expansões futuras, considerando aspectos como infraestrutura cloud-native, modularidade do código e otimização de recursos computacionais.

A originalidade na abordagem destaca-se como terceiro princípio essencial. Em um campo onde 75% das soluções seguem padrões similares, a inovação diferencia projetos verdadeiramente impactantes.

Isto envolve não apenas a implementação de algoritmos únicos, mas também abordagens criativas para solução de problemas, combinações inovadoras de tecnologias existentes e desenvolvimento de interfaces intuitivas e diferenciadas.

A qualidade técnica constitui o quarto pilar fundamental. Estudos mostram que 82% dos projetos de IA falham devido a deficiências técnicas.

A excelência técnica deve permear todas as fases do desenvolvimento, desde a arquitetura inicial até a implementação final, incluindo documentação robusta, testes abrangentes, práticas de código limpo e observância aos princípios de MLOps.

Por fim, o impacto social positivo emerge como quinto elemento crucial. Com 91% dos consumidores preferindo empresas que demonstram responsabilidade social, projetos de IA devem considerar seu impacto na sociedade. Isto inclui aspectos como sustentabilidade ambiental, inclusão social, privacidade dos usuários e ética algorítmica.

A integração destes cinco princípios cria uma estrutura sólida para o desenvolvimento de projetos de IA que não apenas atendem às demandas técnicas e mercadológicas, mas também contribuem positivamente para o avanço tecnológico e social.

Em um mercado cada vez mais competitivo e consciente, a aderência a estes princípios torna-se um diferencial estratégico fundamental para o sucesso duradouro de projetos em Inteligência Artificial.

A construção de um portfólio em IA requer uma combinação equilibrada de projetos que demonstrem tanto proficiência técnica quanto compreensão das necessidades do mercado.

11.8   Aplicando IA em problemas reais: exemplos práticos.

A aplicação da IA em problemas reais é a melhor forma de demonstrar sua capacidade de resolver problemas e criar valor.

Alguns exemplos práticos incluem:

1   Saúde: desenvolvimento de modelos para diagnóstico de doenças, análise de imagens médicas, criação de assistentes virtuais para pacientes etc.

2   Finanças: criação de sistemas de detecção de fraudes, análise de crédito, recomendação de investimentos etc.

3   Marketing: desenvolvimento de sistemas de recomendação de produtos, análise de sentimentos de clientes, criação de campanhas de marketing personalizadas etc.

4   Meio ambiente: monitoramento de desastres naturais, previsão de mudanças climáticas, otimização do consumo de energia etc.

11.9   Como colaborar e aprender com a comunidade de IA.

A comunidade de IA é vasta e colaborativa. Ao se conectar com outros profissionais, você pode aprender novas técnicas, encontrar mentores e colaborar em projetos.

Algumas formas de se envolver com a comunidade incluem:

- Participar de fóruns e grupos online: plataformas como o Stack Overflow, Kaggle e GitHub são ótimas para fazer perguntas, compartilhar conhecimentos e colaborar em projetos.

- Participar de hackathons e competições: esses eventos são uma ótima oportunidade para colocar seus conhecimentos em prática e conhecer outros profissionais.

- Contribuir para projetos open source: colaborar em projetos open source permite que você aprenda com outros desenvolvedores e aprimore suas habilidades.

- Participar de meetups e conferências: esses eventos são uma ótima forma de se conectar com outros profissionais da sua área e aprender sobre as últimas tendências.

Dicas para colaborar com a comunidade:

- Seja proativo: ofereça sua ajuda e colabore em projetos.
- Seja respeitoso: respeite as opiniões dos outros e seja aberto a críticas.
- Compartilhe seus conhecimentos: ajude outros membros da comunidade com suas dúvidas.

Ao seguir essas dicas e se envolver com a comunidade de IA, você construirá uma rede de contatos sólida e aprendendo continuamente.

12 Construindo sua marca pessoal: desenvolva sua identidade profissional e destaque-se no mercado de trabalho.

A construção de uma marca pessoal é essencial para se destacar no mercado de trabalho cada vez mais competitivo. Sua marca pessoal é a sua identidade profissional, a percepção que os outros têm de você e o que você representa.

Ao construir uma marca forte, você aumenta suas chances de conseguir oportunidades, construir relacionamentos duradouros e alcançar o sucesso na sua carreira.

12.1   Por que construir uma marca pessoal?

No cenário profissional atual, marcado pela hiperconectividade e transformação digital acelerada, construir uma marca pessoal tornou-se não apenas uma vantagem competitiva, mas uma necessidade fundamental para o sucesso profissional.

Com o avanço das redes sociais, inteligência artificial e novas formas de trabalho, a maneira como nos apresentamos e nos posicionamos no mercado passou por uma revolução significativa.

A diferenciação profissional, primeiro pilar da marca pessoal, ganhou nova dimensão com a expansão do trabalho remoto e híbrido. Em um mercado global onde profissionais de diferentes países competem pelas mesmas oportunidades, ter uma marca pessoal bem definida e autêntica tornou-se um diferencial crucial.

Não se trata apenas de se destacar da concorrência local, mas de criar uma presença digital única que ressoe globalmente.

A credibilidade, segundo elemento fundamental, assume papel ainda mais relevante na era da desinformação.

Uma marca pessoal forte funciona como um selo de confiança, especialmente importante quando consideramos que 92% dos recrutadores, segundo pesquisas recentes, consultam as redes sociais profissionais dos candidatos antes de tomarem decisões de contratação.

A construção de autoridade através de conteúdo relevante, participação em eventos do setor e contribuições significativas para a comunidade profissional tornou-se um caminho essencial para estabelecer credibilidade duradoura.

O networking, terceiro aspecto crucial, transformou-se radicalmente com as plataformas digitais. As conexões profissionais hoje transcendem barreiras geográficas, permitindo a construção de relacionamentos globais significativos.

Plataformas como LinkedIn, Twitter e comunidades profissionais específicas oferecem oportunidades sem precedentes para expandir redes de contato e cultivar relacionamentos estratégicos. Estudos indicam que 85% das posições são preenchidas através de networking, evidenciando sua importância fundamental.

A visibilidade, quarto elemento-chave, ganhou novos contornos com o algoritmo das redes sociais e ferramentas de IA. Profissionais que entendem como criar conteúdo relevante e engajador conseguem amplificar sua presença digital de forma orgânica.

A consistência na produção de conteúdo, aliada a uma estratégia de presença digital bem planejada, pode transformar profissionais em referências em seus nichos de atuação.

O empoderamento profissional, quinto aspecto essencial, relaciona-se diretamente com a autonomia e controle sobre a própria carreira.

Em um mercado onde 40% da força de trabalho já participa da gig economy, ter uma marca pessoal forte permite maior independência na escolha de projetos e oportunidades.

Além disso, profissionais com marcas pessoais bem estabelecidas têm 27% mais chances de serem promovidos e 31% mais probabilidade de receberem aumentos salariais significativos.

A construção de uma marca pessoal também se tornou fundamental para o desenvolvimento da resiliência profissional. Em um mercado volátil, onde carreiras lineares são cada vez mais raras, uma marca pessoal sólida funciona como âncora, permitindo pivotagens estratégicas e adaptação a novas oportunidades sem perder a essência profissional.

A autenticidade emerge como elemento diferencial na construção da marca pessoal moderna. Em um mundo saturado de conteúdo digital, audiências valorizam cada vez mais profissionais que demonstram genuinidade em suas interações e comunicações.

Isso inclui compartilhar não apenas sucessos, mas também aprendizados e desafios, criando conexões mais profundas e duradouras.

O impacto da marca pessoal se estende além da esfera profissional individual, influenciando organizações e mercados. Profissionais com marcas pessoais fortes frequentemente se tornam embaixadores naturais das empresas onde atuam, contribuindo para o employer branding e atração de talentos.

Estudos mostram que empresas com funcionários ativos em redes profissionais têm 58% mais chances de atrair talentos de alta qualidade.

Para construir uma marca pessoal efetiva no contexto atual, é necessário:

- Desenvolver presença digital estratégica em plataformas relevantes.

- Criar conteúdo de valor que demonstre expertise e conhecimento.

- Manter consistência na comunicação e posicionamento.

- Investir em desenvolvimento contínuo e atualização profissional.

- Cultivar relacionamentos autênticos e significativos.

- Alinhar valores pessoais com ações profissionais.

- Monitorar e adaptar estratégias com base em métricas e feedback.

Tenha em mente que a construção de uma marca pessoal tornou-se um imperativo estratégico no ambiente profissional contemporâneo.

Mais do que uma ferramenta de marketing pessoal, representa um investimento fundamental no desenvolvimento profissional sustentável e na construção de uma carreira resiliente e alinhada com objetivos pessoais e profissionais.

12.2   Guia estratégico para construção de uma marca pessoal poderosa na era digital.

A construção de uma marca pessoal efetiva na era digital requer uma abordagem estratégica e multifacetada que vai além da simples presença online.

O primeiro pilar fundamental é o autoconhecimento profundo. Este processo vai além da simples identificação de habilidades técnicas.

Com o auxílio de ferramentas de análise comportamental e testes de personalidade baseados em IA, profissionais podem mapear não apenas seus valores e talentos, mas também identificar padrões de comportamento e áreas de excelência que os diferenciaram no mercado.

Estudos recentes mostram que profissionais com alto nível de autoconhecimento têm 36% mais chances de alcançar posições de liderança.

A identidade visual, segundo elemento crucial, ganhou novas dimensões com as tecnologias emergentes. Não se trata apenas de criar um logotipo, mas de desenvolver uma presença visual coerente across platforms.

Ferramentas de design alimentadas por IA permitem criar identidades visuais profissionais que se adaptam automaticamente a diferentes plataformas e formatos.

A escolha da paleta de cores deve considerar psicologia das cores e tendências digitais atuais, com 85% dos consumidores citando a cor como fator principal na percepção de uma marca.

O desenvolvimento de uma narrativa pessoal poderosa tornou-se essencial na era do storytelling digital. A história profissional deve ser estruturada seguindo princípios de narrativa transmídia, permitindo que diferentes aspectos sejam destacados em diferentes plataformas.

Pesquisas indicam que histórias bem construídas são 22 vezes mais memoráveis que fatos isolados. A narrativa deve incluir não apenas conquistas, mas também aprendizados com fracassos, criando uma conexão mais autêntica com a audiência.

A construção de presença online evoluiu significativamente.

O LinkedIn continua sendo a plataforma profissional principal, mas a estratégia atual demanda presença multiplataforma coordenada. Dados mostram que 92% dos recrutadores usam redes sociais no processo de contratação.

O perfil profissional moderno deve incluir:

- LinkedIn otimizado com palavras-chave estratégicas.

- Portfolio digital interativo e responsivo.

- Presença ativa em comunidades profissionais relevantes.

- Conteúdo em diferentes formatos (texto, áudio, vídeo).

- Newsletter personalizada para networking qualificado.

- Participação em eventos virtuais e webinars do setor.

A autenticidade tornou-se um diferencial competitivo crucial. Com o aumento da desconfiança em relação a conteúdo digital, demonstrar autenticidade genuine tornou-se fundamental.

Isto inclui:

- Compartilhamento transparente de experiências profissionais.

- Posicionamento claro em questões relevantes do setor.

- Demonstração de vulnerabilidade controlada.

- Engajamento genuíno com a comunidade profissional.

- Consistência entre mensagem e ações.

A consistência na comunicação assume nova importância com algoritmos de redes sociais priorizando conteúdo regular e engajador.

Um plano de conteúdo estratégico deve incluir:

- Calendário editorial multiplataforma.

- Mix de conteúdo proprietário e curado.

- Métricas de engajamento e ajustes baseados em dados.

- Interação regular com seguidores e network.

- Atualização constante de conhecimentos e tendências.

Novas tendências na construção de marca pessoal incluem:

1. Personal Branding Audio:

- Podcasts pessoais.

- Participação em clubhouses e espaços de áudio

- Narrativas em formato de áudio.

2. Video Branding:

- Lives estratégicas.

- Vídeos curtos para redes sociais.

- Webinars especializados.

3. Dados e Analytics:

- Monitoramento de métricas de engajamento.

- Análise de performance de conteúdo.

- Ajustes baseados em insights de dados.

4. Automação e IA:

- Ferramentas de agendamento de conteúdo.

- Análise preditiva de tendências.

- Personalização de comunicação.

5. Networking Digital:

- Participação em comunidades online.

- Colaborações estratégicas.

- Mentorias virtuais.

Para manter uma marca pessoal relevante, é essencial:

- Monitorar tendências do setor e adaptar estratégias.

- Investir em desenvolvimento contínuo de habilidades.

- Manter relacionamentos profissionais ativos.

- Avaliar e ajustar posicionamento regularmente.

- Buscar feedback constante da rede profissional.

O sucesso na construção de uma marca pessoal moderna depende da capacidade de equilibrar autenticidade com estratégia, consistência com inovação, e presença digital com conexões genuínas.

Em um mundo onde 76% das oportunidades profissionais vêm através de networking, uma marca pessoal bem construída torna-se um ativo estratégico fundamental para o desenvolvimento de carreira.

Dicas extras:

✓ Participe de eventos: conecte-se com outros profissionais em eventos da sua área.

✓ Busque mentores: encontre um mentor que possa te guiar em sua carreira.

✓ Peça feedback: peça feedback de pessoas que você confia para melhorar sua marca pessoal.

✓ Adapte sua marca: sua marca pessoal deve evoluir ao longo do tempo, então esteja aberto a mudanças.

Construir uma marca pessoal é um processo contínuo. Com dedicação e consistência, você poderá se destacar no mercado de trabalho e alcançar seus objetivos profissionais.

13 Panorama do mercado de IA: setores em crescimento.

O mercado de Inteligência Artificial (IA) está em constante expansão, impulsionado por avanços tecnológicos e a crescente demanda das empresas por soluções inovadoras.

Diversos setores estão sendo transformados pela IA criando um cenário de grande oportunidades para profissionais qualificados.

Setores em destaque:

- Tecnologia: desenvolvimento de software, hardware e plataformas de IA.

- Saúde: diagnóstico de doenças, desenvolvimento de medicamentos, personalização de tratamentos.

- Finanças: detecção de fraudes, análise de risco, recomendação de investimentos.

- Marketing: personalização de campanhas, análise de dados de clientes, criação de conteúdo.

- Automação industrial: otimização de processos, manutenção preditiva, robótica.

- Transporte: veículos autônomos, otimização de rotas, gestão de frotas.

13.1 Principais cargos e áreas de atuação para especialistas em IA.

O mercado de IA oferece uma ampla gama de oportunidades de carreira para profissionais com diferentes habilidades e interesses.

Alguns dos principais cargos e áreas de atuação incluem:

- Cientista de dados. Coleta, limpa e analisa grandes volumes de dados para extrair insights e construir modelos de IA.

- Engenheiro de aprendizado de máquina. Desenvolve e implementa algoritmos de aprendizado de máquina para resolver problemas específicos.

- Engenheiro de IA. Desenvolve e implementa soluções de IA em diferentes áreas de negócio.

- Especialista em visão computacional. Trabalha com imagens e vídeos para desenvolver sistemas de reconhecimento de objetos, detecção de faces, etc.

- Especialista em processamento de linguagem natural (NLP). Trabalha com texto e linguagem para desenvolver chatbots, sistemas de tradução automática, etc.

- Arquiteto de soluções de IA. Desenvolve a arquitetura de sistemas de IA complexos.

- Ethicist de IA. Avalia as implicações éticas do desenvolvimento e uso de sistemas de IA.

13.2   Como destacar sua experiência de TI e posicionar-se no mercado de IA.

Para se destacar no mercado de IA, é fundamental aliar seus conhecimentos em TI com as habilidades específicas da área. Algumas dicas para se posicionar:

- Desenvolver habilidades técnicas. Dominar linguagens de programação como Python, R e frameworks como TensorFlow e PyTorch é essencial.

- Aprofundar conhecimentos em estatística e matemática. Uma sólida base em estatística e matemática é fundamental para entender os algoritmos de aprendizado de máquina.

- Trabalhar em projetos pessoais. Desenvolva projetos práticos para demonstrar suas habilidades e construir um portfólio.

- Participar de comunidades online. Interaja com outros profissionais da área, participe de fóruns e grupos de discussão.

- Certificações. Obtenha certificações em plataformas como Coursera, edX e Udemy para validar seus conhecimentos.

- Networking. Construa uma rede de contatos sólida para se manter atualizado sobre as últimas tendências e oportunidades de trabalho.

- Marketing pessoal. Crie um perfil profissional atraente nas redes sociais e plataformas de busca de emprego.

Dicas adicionais:

- ✓ Especialize-se em uma área. Ao se especializar em uma área específica da IA, você se torna mais atrativo para as empresas.

- ✓ Mantenha-se atualizado. A área de IA está em constante evolução, por isso é importante acompanhar as últimas novidades e tendências.

- ✓ Adapte-se. Esteja disposto a aprender novas tecnologias e a se adaptar às mudanças do mercado.

Ao seguir essas dicas, você estará bem preparado para construir uma carreira de sucesso na área de Inteligência Artificial.

14 Como crescer em sua nova carreira: de especialista a líder.

A transição de um especialista em IA para uma posição de liderança exige mais do que apenas conhecimento técnico. É preciso desenvolver habilidades de gestão, comunicação e visão estratégica. Para essa evolução, considere os seguintes passos:

- Desenvolva suas habilidades de liderança: busque cursos e treinamentos em liderança, gestão de equipes e resolução de conflitos.

- Amplie sua visão estratégica: entenda o negócio como um todo e como a IA pode contribuir para o crescimento da empresa.

- Construa relacionamentos: cultive relacionamentos com colegas, superiores e stakeholders.

- Comunicação eficaz: seja capaz de comunicar ideias complexas de forma clara e concisa para diferentes públicos.

- Mentoria: busque um mentor experiente que possa te guiar nessa jornada.

14.1 Estratégias de longo prazo para manter-se relevante no mercado de IA.

O mercado de Inteligência Artificial está experimentando uma transformação sem precedentes, impulsionado principalmente pelo surgimento de modelos cada vez mais sofisticados como ChatGPT, Claude e Gemini.

Para se manter competitivo neste cenário dinâmico, tornou-se essencial adotar uma abordagem multifacetada de desenvolvimento profissional.

O aprendizado contínuo emerge como pilar fundamental, exigindo não apenas o acompanhamento das últimas tendências e tecnologias, mas também a participação ativa em cursos especializados, conferências internacionais e workshops práticos focados em áreas como aprendizado profundo, processamento de linguagem natural e visão computacional.

O networking estratégico ganhou ainda mais relevância, especialmente com a expansão do trabalho remoto e das comunidades virtuais de desenvolvedores.

A construção de uma rede de contatos sólida, seja através de plataformas como LinkedIn, GitHub ou Discord, tem se mostrado crucial para a troca de experiências e aprendizado colaborativo.

O desenvolvimento de projetos pessoais também se destaca como diferencial competitivo, permitindo a experimentação prática com novas tecnologias como transformers, redes neurais e algoritmos de otimização.

A disseminação de conhecimento através de publicações técnicas, seja em blogs especializados, artigos científicos ou apresentações em eventos do setor, tem se revelado uma estratégia eficaz para construir autoridade na área.

Além disso, a especialização em nichos específicos da IA, como ética em IA, IA generativa ou IA aplicada a setores específicos como saúde ou finanças, tem se mostrado um caminho promissor para se destacar no mercado.

Este conjunto de práticas, quando implementado de forma consistente, não apenas contribui para o crescimento profissional individual, mas também para o avanço coletivo do campo da Inteligência Artificial.

14.2   A importância do aprendizado contínuo.

O aprendizado contínuo é fundamental para qualquer profissional, especialmente para aqueles que atuam na área de Inteligência Artificial (IA).

A rápida evolução das tecnologias de IA, aprendizado de máquina (Machine Learning) e deep learning exige que os especialistas estejam sempre atualizados com as últimas inovações, técnicas e ferramentas.

Não se trata apenas de aprender novas linguagens de programação ou dominar novos frameworks, mas de compreender as tendências emergentes e ser capaz de antecipar as necessidades do mercado.

Um dos principais benefícios do aprendizado contínuo é a adaptabilidade. O setor de tecnologia é conhecido por sua velocidade de transformação e, dentro da IA, isso é ainda mais evidente. Novos algoritmos, avanços em redes neurais e mudanças nas demandas do mercado podem ocorrer de forma acelerada.

Um profissional que se mantém em constante aprendizado é capaz de se ajustar rapidamente a essas mudanças, garantindo que suas habilidades estejam sempre alinhadas com o que há de mais moderno. Isso também facilita a transição para novas áreas, como Processamento de Linguagem Natural (NLP), Visão Computacional ou IA aplicada a robótica.

Outro benefício é a inovação. O aprendizado contínuo não apenas permite acompanhar o progresso técnico, mas também estimula o desenvolvimento de novas soluções e ideias.

Profissionais que investem no próprio desenvolvimento têm maior capacidade de pensar criativamente e aplicar o conhecimento adquirido para resolver problemas complexos ou encontrar novas oportunidades de negócios.

Em um cenário em que IA está sendo usada para transformar setores como saúde, finanças e logística, ser um dos primeiros a dominar novas ferramentas e algoritmos pode fazer uma grande diferença.

Além disso, o aprendizado contínuo garante que você permaneça competitivo no mercado de trabalho. À medida que a IA se torna mais difundida, o número de profissionais buscando posições nessa área cresce.

Manter-se à frente da concorrência exige uma dedicação ao aprendizado que vá além do básico, buscando dominar tópicos avançados como redes neurais profundas, aprendizado por reforço e a integração de IA com big data.

Profissionais que estão atualizados têm mais chances de ocupar cargos de destaque, liderar projetos inovadores e se tornar referências em suas empresas ou setores.

Por fim, o aprendizado contínuo contribui significativamente para a satisfação profissional. O campo da IA está cheio de desafios intelectuais e oferece inúmeras oportunidades de crescimento.

Ao se comprometer com o desenvolvimento constante, o profissional tem a oportunidade de resolver problemas complexos, participar de projetos inovadores e, consequentemente, se sentir mais realizado em sua carreira.

Cada nova habilidade adquirida não só amplia seu repertório técnico, mas também abre portas para novas oportunidades, seja em startups de tecnologia, grandes corporações ou na academia.

Em um cenário global altamente competitivo, o aprendizado contínuo se destaca como uma vantagem estratégica. Ele não só garante a longevidade e relevância profissional, mas também habilita os profissionais de IA a moldarem o futuro da tecnologia, desenvolvendo soluções que impactam profundamente a sociedade e os negócios.

Portanto, investir em si mesmo e em seu aprendizado é uma estratégia indispensável para quem deseja não apenas sobreviver, mas prosperar na era da Inteligência Artificial.

Formas de aprender continuamente:

- Cursos online: plataformas como Coursera, edX e Udemy oferecem uma variedade de cursos em IA.

- Livros e artigos: leia livros e artigos sobre as últimas tendências da área.

- Workshops e conferências: participe de eventos para se conectar com outros profissionais e aprender sobre as novidades do mercado.

- Projetos pessoais: desenvolva projetos para aplicar seus conhecimentos na prática.

- Mentoria: busque um mentor experiente para te guiar em sua jornada.

15 Roteiro Estratégico para a Transição de Carreira de TI para a Inteligência Artificial: Principais Tópicos e Etapas.

A transição de uma carreira tradicional em tecnologia da informação (TI) para a inteligência artificial (IA) exige uma mudança de mentalidade, uma adaptação de habilidades e um esforço contínuo de aprendizagem.

Para os profissionais de TI que desejam navegar por esse novo cenário, o processo pode parecer desafiador, mas com a orientação adequada e uma estratégia bem definida, a transição pode ser não apenas viável, mas extremamente gratificante.

Este guia apresenta um roteiro detalhado para essa transformação, destacando as principais áreas de estudo, recursos recomendados e prazos realistas de aprendizado para cada etapa.

1. Fundamentos em Matemática e Estatística: A Base para a IA

Antes de adentrar o universo da inteligência artificial, é essencial que o profissional de TI solidifique sua base em matemática e estatística. Esses conceitos formam o alicerce sobre o qual os modelos de IA são construídos.

Dominar tópicos como álgebra linear, cálculo e probabilidade permite que o profissional compreenda profundamente os algoritmos de machine learning e deep learning.

Recomendação:

Dedique 3-6 meses para revisar ou aprender esses conceitos, dependendo do seu nível de familiaridade anterior.

Recursos Sugeridos:

Coursera oferece cursos gratuitos e pagos que cobrem desde fundamentos até tópicos avançados.

Khan Academy é uma excelente fonte para aprender matemática de forma acessível e estruturada.

O MIT OpenCourseWare disponibiliza cursos de matemática e estatística de uma das universidades mais renomadas do mundo, permitindo o aprendizado em ritmo próprio.

2. Linguagens de Programação Relevantes: O Coração da IA

A fluência em linguagens de programação como Python e R é crucial para qualquer profissional que deseje atuar com inteligência artificial. Python, com suas bibliotecas específicas como TensorFlow, PyTorch e scikit-learn, se tornou a linguagem preferida entre os cientistas de dados e engenheiros de IA por sua versatilidade e facilidade de uso.

Tempo Estimado:

2-4 meses para adquirir proficiência básica em Python e R.

6-12 meses para atingir um nível avançado.

3. Aprendizado de Máquina (Machine Learning): O Núcleo da IA

O aprendizado de máquina é o pilar fundamental sobre o qual se desenvolvem muitas soluções de IA.

Começar com algoritmos supervisionados, como regressão linear e árvores de decisão, e não supervisionados, como clustering, é uma maneira de estabelecer uma base sólida.

Ao avançar, o profissional deve se concentrar em técnicas mais complexas, como deep learning e redes neurais, que estão na vanguarda da IA moderna.

Cursos Recomendados:

Machine Learning, por Andrew Ng, oferecido no Coursera, é amplamente reconhecido como uma excelente introdução ao tema.

O curso Fast.ai oferece uma abordagem prática e acelerada para quem já tem uma base e deseja aplicar IA de maneira eficiente.

Duração:

3-6 meses para dominar os fundamentos de aprendizado de máquina.

6-12 meses para proficiência em deep learning e redes neurais.

4. Habilidades em Análise e Visualização de Dados: Transformando Dados em Decisões

A análise e visualização de dados são etapas cruciais no ciclo de vida de projetos de IA. Ferramentas como Tableau e Power BI permitem que os profissionais interpretem e comuniquem insights extraídos de grandes volumes de dados de maneira visual e intuitiva.

Essas competências são particularmente importantes em cenários empresariais onde decisões precisam ser baseadas em dados.

Tempo Estimado:

2-3 meses para adquirir proficiência nas principais ferramentas de visualização de dados e práticas com conjuntos de dados reais.

5. Compreensão do Contexto Empresarial e Ético da IA

À medida que as soluções de IA se tornam mais difundidas em diferentes indústrias, é vital que os profissionais compreendam o contexto empresarial no qual essas tecnologias são implementadas.

Casos de uso de IA em áreas como saúde, finanças e logística estão se tornando comuns, mas também é crucial considerar o impacto ético dessas aplicações, especialmente no que diz respeito à privacidade de dados e à equidade nos algoritmos.

Leitura Recomendada:

AI Ethics, de Mark Coeckelbergh, oferece uma visão crítica sobre os desafios éticos que acompanham a adoção em larga escala da IA.

Duração:

Embora a compreensão desse contexto seja um processo contínuo, dedique pelo menos 1-2 meses para um estudo inicial aprofundado.

6. Experiência Prática: O Valor de Aprender Fazendo

Não basta o conhecimento teórico; é essencial ganhar experiência prática em IA. Trabalhar em projetos pessoais, participar de competições em plataformas como o Kaggle e contribuir para projetos open-source são maneiras eficazes de colocar em prática o que foi aprendido.

Tempo Estimado:

3-6 meses para construir um portfólio inicial de projetos práticos em IA.

7. Networking: A Rede de Apoio para o Crescimento Contínuo

A construção de uma rede de contatos sólida pode acelerar a transição de carreira, fornecendo acesso a oportunidades de aprendizado, colaboração e emprego. Participar de conferências, webinars e grupos de discussão online, como Reddit e Stack Overflow, são estratégias eficazes para se conectar com a comunidade de IA.

Frequência:

Atividade semanal, com participação em eventos trimestralmente.

8. Certificações Relevantes: Validando sua Expertise

Obter certificações reconhecidas internacionalmente em IA pode fornecer uma vantagem competitiva no mercado de trabalho.

Certificações como o TensorFlow Developer Certificate ou a AWS Machine Learning Specialty validam as habilidades e o conhecimento do profissional, ajudando a destacar-se no campo.

Tempo Estimado:

1-3 meses por certificação.

9. Manter-se Atualizado: Acompanhando as Tendências em IA

A IA é um campo em constante evolução. Para se manter competitivo, o profissional deve dedicar-se ao aprendizado contínuo. Assinar newsletters, como Import AI, ler artigos acadêmicos regularmente e participar de hackathons são maneiras eficazes de acompanhar as novidades e tendências.

Frequência:

Dedique algumas horas semanais para leitura e atualização.

1.5 Previsão de Prazo de Transição: O Tempo Necessário de Acordo com o Nível de Experiência

A duração do processo de transição varia conforme o nível de experiência do profissional. Um estudante de TI pode levar até 2 anos para fazer a transição completa, enquanto um profissional sênior com vasta experiência pode conseguir essa transformação em menos de um ano.

Estudante de TI: 1-2 anos.

Profissional Trainee: 1-1.5 anos.

Profissional Pleno: 9-18 meses.

Profissional Sênior: 6-12 meses.

1.6 Análise por Perfil Profissional em TI: Onde Focar

Profissionais de diferentes áreas de TI possuem vantagens e desafios únicos na transição para a IA.

Por exemplo, DBAs têm uma forte compreensão de estruturas de dados, mas podem encontrar dificuldades ao lidar com modelos de dados não estruturados.

Já desenvolvedores possuem uma base sólida em programação, mas precisam se adaptar aos novos paradigmas da IA.

Independente do perfil, a chave para o sucesso é o aprendizado contínuo e a disposição para adotar novas tecnologias, aplicando o conhecimento existente de TI em novos contextos impulsionados pela inteligência artificial.

A jornada de um profissional de IA é marcada por constante aprendizado e evolução. Ao desenvolver suas habilidades técnicas e de liderança, construir uma rede de contatos sólida e investir em seu aprendizado contínuo, você estará preparado para enfrentar os desafios do mercado e alcançar o sucesso em sua carreira.

16 Conclusão.

Ao longo deste livro, exploramos o caminho de transição de um profissional de TI para um especialista em inteligência artificial, oferecendo uma visão detalhada sobre as mudanças e as oportunidades que a IA proporciona.

Discutimos como a evolução da tecnologia está transformando funções tradicionais de TI, como programação, gerenciamento de banco de dados e suporte técnico, e vimos como essas áreas estão se beneficiando de automação e inteligência autônoma.

A singularidade da IA está não apenas em sua capacidade de substituir funções repetitivas, mas também em criar novos campos de atuação para profissionais que se dispõem a aprender e inovar.

Examinamos as semelhanças e diferenças entre as áreas de TI e IA, e como a fusão desses campos está moldando o futuro da tecnologia.

O livro ofereceu uma trilha de aprendizado essencial para aqueles que desejam se especializar em machine learning, deep learning, redes neurais e processamento de linguagem natural (NLP), além de destacar as habilidades técnicas e teóricas necessárias para se destacar no mercado.

Os desafios técnicos e emocionais da transição foram abordados de maneira realista, desde a curva de aprendizado até a superação da resistência interna e externa à mudança.

Também mostramos a importância de um portfólio estratégico, demonstrando como seus projetos em IA podem ser fundamentais para destacar suas competências no mercado competitivo de trabalho.

Por fim, este livro enfatizou a importância de adotar um mindset de crescimento contínuo, permitindo que você se mantenha relevante em um campo tão dinâmico e desafiador quanto o da inteligência artificial.

Entretanto, este é apenas um passo de uma jornada essencial no campo da inteligência artificial. Este volume é parte de uma coleção maior, "Inteligência Artificial: O Poder dos Dados", que explora, em profundidade, diferentes aspectos da IA e da ciência de dados.

Os demais volumes abordam temas igualmente cruciais, como a integração de sistemas de IA, a análise preditiva e o uso de algoritmos avançados para a tomada de decisões.

Ao adquirir e ler os demais livros da coleção, você terá uma visão holística e profunda que permitirá não só otimizar a governança de dados, mas também potencializar o impacto da inteligência artificial nas suas operações. Aproveite esta oportunidade de aprender, aplicar e liderar na era da IA!

17 Referências Bibliográficas

ABBYY. Intelligent Automation for Document Processing. ABBYY Research, 2019.

AGGARWAL, Charu C. Neural Networks and Deep Learning: A Textbook. Cham: Springer, 2018.

ALPAYDIN, Ethem. Introduction to Machine Learning. 4. ed. Cambridge: MIT Press, 2020.

BISHOP, Christopher M. Pattern Recognition and Machine Learning. New York: Springer, 2006.

BOSTROM, N. Superintelligence: Paths, Dangers, Strategies. Oxford University Press, 2014.

CHARLTON, Paul; YAKUBOVIC, Boris. Practical Artificial Intelligence: Machine Learning, Bots, and Agent Solutions Using C#. Berkeley: Apress, 2020.

CHOLETTE, François. Deep Learning with Python. 2. ed. Shelter Island: Manning Publications, 2021.

COECKELBERGH, Mark. AI Ethics. MIT Press, 2020.

COHEN, J.E. Configuring the Networked Self: Law, Code, and the Play of Everyday Practice. Yale University Press, 2012.

DOMINGOS, Pedro. The Master Algorithm: How the Quest for the Ultimate Learning Machine Will Remake Our World. New York: Basic Books, 2015.

GÉRON, Aurélien. Hands-On Machine Learning with Scikit-Learn, Keras, and TensorFlow: Concepts, Tools, and Techniques to Build Intelligent Systems. 2. ed. Sebastopol: O'Reilly Media, 2019.

GITHUB. GitHub Copilot: Your AI Pair Programmer. GitHub Documentation, 2021.

GOODFELLOW, Ian; BENGIO, Yoshua; COURVILLE, Aaron. Deep Learning. Cambridge: MIT Press, 2016.

HASTIE, Trevor; TIBSHIRANI, Robert; FRIEDMAN, Jerome. The Elements of Statistical Learning: Data Mining, Inference, and Prediction. 2. ed. New York: Springer, 2009.

JAMES, Gareth; WITTEN, Daniela; HASTIE, Trevor; TIBSHIRANI, Robert. An Introduction to Statistical Learning: With Applications in R. New York: Springer, 2013.

JORDAN, Michael I.; MITCHELL, Tom M. Machine Learning: Trends, Perspectives, and Prospects. Science, v. 349, n. 6245, p. 255–260, 2015.

KOLTER, J. Zico. Machine Learning for Healthcare. Cambridge: MIT Press, 2021.

MCKINSEY & COMPANY. The Future of Work in Technology. McKinsey Global Institute, 2020.

MITCHELL, Tom M. Machine Learning. 1. ed. New York: McGraw-Hill, 1997.

MURPHY, Kevin P. Machine Learning: A Probabilistic Perspective. Cambridge: MIT Press, 2012.

NG, Andrew. Machine Learning Yearning. Palo Alto: deeplearning.ai, 2019.

NG, Andrew. Machine Learning. Coursera, 2018.

NIELSEN, Michael A. Neural Networks and Deep Learning: A Visual Introduction to Deep Learning. San Francisco: Determination Press, 2015.

ORACLE. Oracle Autonomous Database: Overview. Oracle Corporation, 2018.

RAJ, Abhishek; BHATNAGAR, Ankit; KUMAR, Himanshu. Machine Learning Using Python: Easy and Practical Methods for Beginners. New York: Packt Publishing, 2019.

RUSSELL, S.; NORVIG, P. Artificial Intelligence: A Modern Approach. 4. ed. Pearson, 2020.

SCHAPIRE, Robert; FREUND, Yoav. Boosting: Foundations and Algorithms. Cambridge: MIT Press, 2014.

SEPTIMUS, O. Artificial Intelligence and the Future of Project Management. Cambridge University Press, 2022.

18 Descubra a Coleção Completa "Inteligência Artificial e o Poder dos Dados" – Um Convite para Transformar sua Carreira e Conhecimento.

A Coleção "Inteligência Artificial e o Poder dos Dados" foi criada para quem deseja não apenas entender a Inteligência Artificial (IA), mas também aplicá-la de forma estratégica e prática.

Em uma série de volumes cuidadosamente elaborados, desvendo conceitos complexos de maneira clara e acessível, garantindo ao leitor uma compreensão completa da IA e de seu impacto nas sociedades modernas.

Não importa seu nível de familiaridade com o tema: esta coleção transforma o difícil em didático, o teórico em aplicável e o técnico em algo poderoso para sua carreira.

18.1   Por Que Comprar Esta Coleção?

Estamos vivendo uma revolução tecnológica sem precedentes, onde a IA é a força motriz em áreas como medicina, finanças, educação, governo e entretenimento.

A coleção "Inteligência Artificial e o Poder dos Dados" mergulha profundamente em todos esses setores, com exemplos práticos e reflexões que vão muito além dos conceitos tradicionais.

Você encontrará tanto o conhecimento técnico quanto as implicações éticas e sociais da IA incentivando você a ver essa tecnologia não apenas como uma ferramenta, mas como um verdadeiro agente de transformação.

Cada volume é uma peça fundamental deste quebra-cabeça inovador: do aprendizado de máquina à governança de dados e da ética à aplicação prática.

Com a orientação de um autor experiente, que combina pesquisa acadêmica com anos de atuação prática, esta coleção é mais do que um conjunto de livros – é um guia indispensável para quem quer navegar e se destacar nesse campo em expansão.

18.2   Público-Alvo desta Coleção?

Esta coleção é para todos que desejam ter um papel de destaque na era da IA:

✓ Profissionais da Tecnologia: recebem insights técnicos profundos para expandir suas habilidades.

✓ Estudantes e Curiosos: têm acesso a explicações claras que facilitam o entendimento do complexo universo da IA.

✓ Gestores, líderes empresariais e formuladores de políticas também se beneficiarão da visão estratégica sobre a IA, essencial para a tomada de decisões bem-informadas.

✓ Profissionais em Transição de Carreira: Profissionais em transição de carreira ou interessados em se especializar em IA encontram aqui um material completo para construir sua trajetória de aprendizado.

18.3   Muito Mais do Que Técnica – Uma Transformação Completa.

Esta coleção não é apenas uma série de livros técnicos; é uma ferramenta de crescimento intelectual e profissional.

Com ela, você vai muito além da teoria: cada volume convida a uma reflexão profunda sobre o futuro da humanidade em um mundo onde máquinas e algoritmos estão cada vez mais presentes.

Este é o seu convite para dominar o conhecimento que vai definir o futuro e se tornar parte da transformação que a Inteligência Artificial traz ao mundo.

Seja um líder em seu setor, domine as habilidades que o mercado exige e prepare-se para o futuro com a coleção "Inteligência Artificial e o Poder dos Dados".

Esta não é apenas uma compra; é um investimento decisivo na sua jornada de aprendizado e desenvolvimento profissional.

Prof. Marcão - Marcus Vinícius Pinto

Mestre em Tecnologia da Informação.
Especialista em Inteligência Artificial, Governança de Dados e Arquitetura de Informação.

19 Os Livros da Coleção.

19.1   Dados, Informação e Conhecimento na era da Inteligência Artificial.

Este livro explora de forma essencial as bases teóricas e práticas da Inteligência Artificial, desde a coleta de dados até sua transformação em inteligência. Ele foca, principalmente, no aprendizado de máquina, no treinamento de IA e nas redes neurais.

19.2   Dos Dados em Ouro: Como Transformar Informação em Sabedoria na Era da IA.

Este livro oferece uma análise crítica sobre a evolução da Inteligência Artificial, desde os dados brutos até a criação de sabedoria artificial, integrando redes neurais, aprendizado profundo e modelagem de conhecimento.

Apresenta exemplos práticos em saúde, finanças e educação, e aborda desafios éticos e técnicos.

19.3   Desafios e Limitações dos Dados na IA.

O livro oferece uma análise profunda sobre o papel dos dados no desenvolvimento da IA explorando temas como qualidade, viés, privacidade, segurança e escalabilidade com estudos de caso práticos em saúde, finanças e segurança pública.

19.4   Dados Históricos em Bases de Dados para IA: Estruturas, Preservação e Expurgo.

Este livro investiga como a gestão de dados históricos é essencial para o sucesso de projetos de IA. Aborda a relevância das normas ISO para garantir qualidade e segurança, além de analisar tendências e inovações no tratamento de dados.

19.5   Vocabulário Controlado para Dicionário de Dados: Um Guia Completo.

Este guia completo explora as vantagens e desafios da implementação de vocabulários controlados no contexto da IA e da ciência da informação. Com uma abordagem detalhada, aborda desde a nomeação de elementos de dados até as interações entre semântica e cognição.

19.6   Curadoria e Administração de Dados para a Era da IA.

Esta obra apresenta estratégias avançadas para transformar dados brutos em insights valiosos, com foco na curadoria meticulosa e administração eficiente dos dados. Além de soluções técnicas, aborda questões éticas e legais, capacitando o leitor a enfrentar os desafios complexos da informação.

19.7   Arquitetura de Informação.

A obra aborda a gestão de dados na era digital, combinando teoria e prática para criar sistemas de IA eficientes e escaláveis, com insights sobre modelagem e desafios éticos e legais.

19.8   Fundamentos: O Essencial para Dominar a Inteligência Artificial.

Uma obra essencial para quem deseja dominar os conceitos-chave da IA, com uma abordagem acessível e exemplos práticos. O livro explora inovações como Machine Learning e Processamento de Linguagem Natural, além dos desafios éticos e legais e oferece uma visão clara do impacto da IA em diversos setores.

19.9   LLMS - Modelos de Linguagem de Grande Escala.

Este guia essencial ajuda a compreender a revolução dos Modelos de Linguagem de Grande Escala (LLMs) na IA.

O livro explora a evolução dos GPTs e as últimas inovações em interação humano-computador, oferecendo insights práticos sobre seu impacto em setores como saúde, educação e finanças.

19.10   Machine Learning: Fundamentos e Avanços.

Este livro oferece uma visão abrangente sobre algoritmos supervisionados e não supervisionados, redes neurais profundas e aprendizado federado. Além de abordar questões de ética e explicabilidade dos modelos.

19.11   Por Dentro das Mentes Sintéticas.

Este livro revela como essas 'mentes sintéticas' estão redefinindo a criatividade, o trabalho e as interações humanas. Esta obra apresenta uma análise detalhada dos desafios e oportunidades proporcionados por essas tecnologias, explorando seu impacto profundo na sociedade.

19.12   A Questão dos Direitos Autorais.

Este livro convida o leitor a explorar o futuro da criatividade em um mundo onde a colaboração entre humanos e máquinas é uma realidade, abordando questões sobre autoria, originalidade e propriedade intelectual na era das IAs generativas.

19.13   1121 Perguntas e Respostas: Do Básico ao Complexo– Parte 1 A 4.

Organizadas em quatro volumes, estas perguntas servem como guias práticos essenciais para dominar os principais conceitos da IA.

A Parte 1 aborda informação, dados, geoprocessamento, a evolução da inteligência artificial, seus marcos históricos e conceitos básicos.

A Parte 2 aprofunda-se em conceitos complexos como aprendizado de máquina, processamento de linguagem natural, visão computacional, robótica e algoritmos de decisão.

A Parte 3 aborda questões como privacidade de dados, automação do trabalho e o impacto de modelos de linguagem de grande escala (LLMs).

Parte 4 explora o papel central dos dados na era da inteligência artificial, aprofundando os fundamentos da IA e suas aplicações em áreas como saúde mental, governo e combate à corrupção.

19.14   O Glossário Definitivo da Inteligência Artificial.

Este glossário apresenta mais de mil conceitos de inteligência artificial explicados de forma clara, abordando temas como Machine Learning, Processamento de Linguagem Natural, Visão Computacional e Ética em IA.

- A parte 1 contempla conceitos iniciados pelas letras de A a D.
- A parte 2 contempla conceitos iniciados pelas letras de E a M.
- A parte 3 contempla conceitos iniciados pelas letras de N a Z.

19.15   Engenharia de Prompt - Volumes 1 a 6.

Esta coleção abrange todos os fundamentos da engenharia de prompt, proporcionando uma base completa para o desenvolvimento profissional.

Com uma rica variedade de prompts para áreas como liderança, marketing digital e tecnologia da informação, oferece exemplos práticos para melhorar a clareza, a tomada de decisões e obter insights valiosos.

Os volumes abordam os seguintes assuntos:

- Volume 1: Fundamentos. Conceitos Estruturadores e História da Engenharia de Prompt.
- Volume 2: Segurança e Privacidade em IA.
- Volume 3: Modelos de Linguagem, Tokenização e Métodos de Treinamento.
- Volume 4: Como Fazer Perguntas Corretas.
- Volume 5: Estudos de Casos e Erros.
- Volume 6: Os Melhores Prompts.

19.16   Guia para ser um Engenheiro De Prompt – Volumes 1 e 2.

A coleção explora os fundamentos avançados e as habilidades necessárias para ser um engenheiro de prompt bem-sucedido, destacando os benefícios, riscos e o papel crítico que essa função desempenha no desenvolvimento da inteligência artificial.

O Volume 1 aborda a elaboração de prompts eficazes, enquanto o Volume 2 é um guia para compreender e aplicar os fundamentos da Engenharia de Prompt.

19.17   Governança de Dados com IA – Volumes 1 a 3.

Descubra como implementar uma governança de dados eficaz com esta coleção abrangente. Oferecendo orientações práticas, esta coleção abrange desde a arquitetura e organização de dados até a proteção e garantia de qualidade, proporcionando uma visão completa para transformar dados em ativos estratégicos.

O volume 1 aborda as práticas e regulações. O volume 2 explora em profundidade os processos, técnicas e melhores práticas para realizar auditorias eficazes em modelos de dados. O volume 3 é seu guia definitivo para implantação da governança de dados com IA.

19.18   Governança de Algoritmos.

Este livro analisa o impacto dos algoritmos na sociedade, explorando seus fundamentos e abordando questões éticas e regulatórias. Aborda transparência, accountability e vieses, com soluções práticas para auditar e monitorar algoritmos em setores como finanças, saúde e educação.

19.19   De Profissional de Ti para Expert em IA: O Guia Definitivo para uma Transição de Carreira Bem-Sucedida.

Para profissionais de Tecnologia da Informação, a transição para a IA representa uma oportunidade única de aprimorar habilidades e contribuir para o desenvolvimento de soluções inovadoras que moldam o futuro.

Neste livro, investigamos os motivos para fazer essa transição, as habilidades essenciais, a melhor trilha de aprendizado e as perspectivas para o futuro do mercado de trabalho em TI.

19.20   Liderança Inteligente com IA: Transforme sua Equipe e Impulsione Resultados.

Este livro revela como a inteligência artificial pode revolucionar a gestão de equipes e maximizar o desempenho organizacional.

Combinando técnicas de liderança tradicionais com insights proporcionados pela IA, como a liderança baseada em análise preditiva, você aprenderá a otimizar processos, tomar decisões mais estratégicas e criar equipes mais eficientes e engajadas.

19.21   Impactos e Transformações: Coleção Completa.

Esta coleção oferece uma análise abrangente e multifacetada das transformações provocadas pela Inteligência Artificial na sociedade contemporânea.

- Volume 1: Desafios e Soluções na Detecção de Textos Gerados por Inteligência Artificial.
- Volume 2: A Era das Bolhas de Filtro. Inteligência Artificial e a Ilusão de Liberdade.
- Volume 3: Criação de Conteúdo com IA - Como Fazer?
- Volume 4: A Singularidade Está Mais Próxima do que Você Imagina.
- Volume 5: Burrice Humana versus Inteligência Artificial.
- Volume 6: A Era da Burrice! Um Culto à Estupidez?
- Volume 7: Autonomia em Movimento: A Revolução dos Veículos Inteligentes.
- Volume 8: Poiesis e Criatividade com IA.
- Volume 9: Dupla perfeita: IA + automação.
- Volume 10: Quem detém o poder dos dados?

19.22   Big Data com IA: Coleção Completa.

A coleção aborda desde os fundamentos tecnológicos e a arquitetura de Big Data até a administração e o glossário de termos técnicos essenciais.

A coleção também discute o futuro da relação da humanidade com o enorme volume de dados gerados nas bases de dados de treinamento em estruturação de Big Data.

- Volume 1: Fundamentos.
- Volume 2: Arquitetura.
- Volume 3: Implementação.
- Volume 4: Administração.
- Volume 5: Temas Essenciais e Definições.
- Volume 6: Data Warehouse, Big Data e IA.

20 Sobre o Autor.

Sou Marcus Pinto, mais conhecido como Prof. Marcão, especialista em tecnologia da informação, arquitetura da informação e inteligência artificial.

Com mais de quatro décadas de atuação e pesquisa dedicadas, construí uma trajetória sólida e reconhecida, sempre focada em tornar o conhecimento técnico acessível e aplicável a todos os que buscam entender e se destacar nesse campo transformador.

Minha experiência abrange consultoria estratégica, educação e autoria, além de uma atuação extensa como analista de arquitetura de informação.

Essa vivência me capacita a oferecer soluções inovadoras e adaptadas às necessidades em constante evolução do mercado tecnológico, antecipando tendências e criando pontes entre o saber técnico e o impacto prático.

Ao longo dos anos, desenvolvi uma expertise abrangente e aprofundada em dados, inteligência artificial e governança da informação – áreas que se tornaram essenciais para a construção de sistemas robustos e seguros, capazes de lidar com o vasto volume de dados que molda o mundo atual.

Minha coleção de livros, disponível na Amazon, reflete essa expertise, abordando temas como Governança de Dados, Big Data e Inteligência Artificial com um enfoque claro em aplicações práticas e visão estratégica.

Autor de mais de 150 livros, investigo o impacto da inteligência artificial em múltiplas esferas, explorando desde suas bases técnicas até as questões éticas que se tornam cada vez mais urgentes com a adoção dessa tecnologia em larga escala.

Em minhas palestras e mentorias, compartilho não apenas o valor da IA, mas também os desafios e responsabilidades que acompanham sua implementação – elementos que considero essenciais para uma adoção ética e consciente.

Acredito que a evolução tecnológica é um caminho inevitável. Meus livros são uma proposta de guia nesse trajeto, oferecendo insights profundos e acessíveis para quem deseja não apenas entender, mas dominar as tecnologias do futuro.

Com um olhar focado na educação e no desenvolvimento humano, convido você a se unir a mim nessa jornada transformadora, explorando as possibilidades e desafios que essa era digital nos reserva.

21 Como Contatar o Prof. Marcão.

21.1 Para palestras, treinamento e mentoria empresarial.

marcao.tecno@gmail.com

21.2 Prof. Marcão, no Linkedin.

https://bit.ly/linkedin_profmarcao

www.ingramcontent.com/pod-product-compliance
Lightning Source LLC
LaVergne TN
LVHW051343050326
832903LV00031B/3707